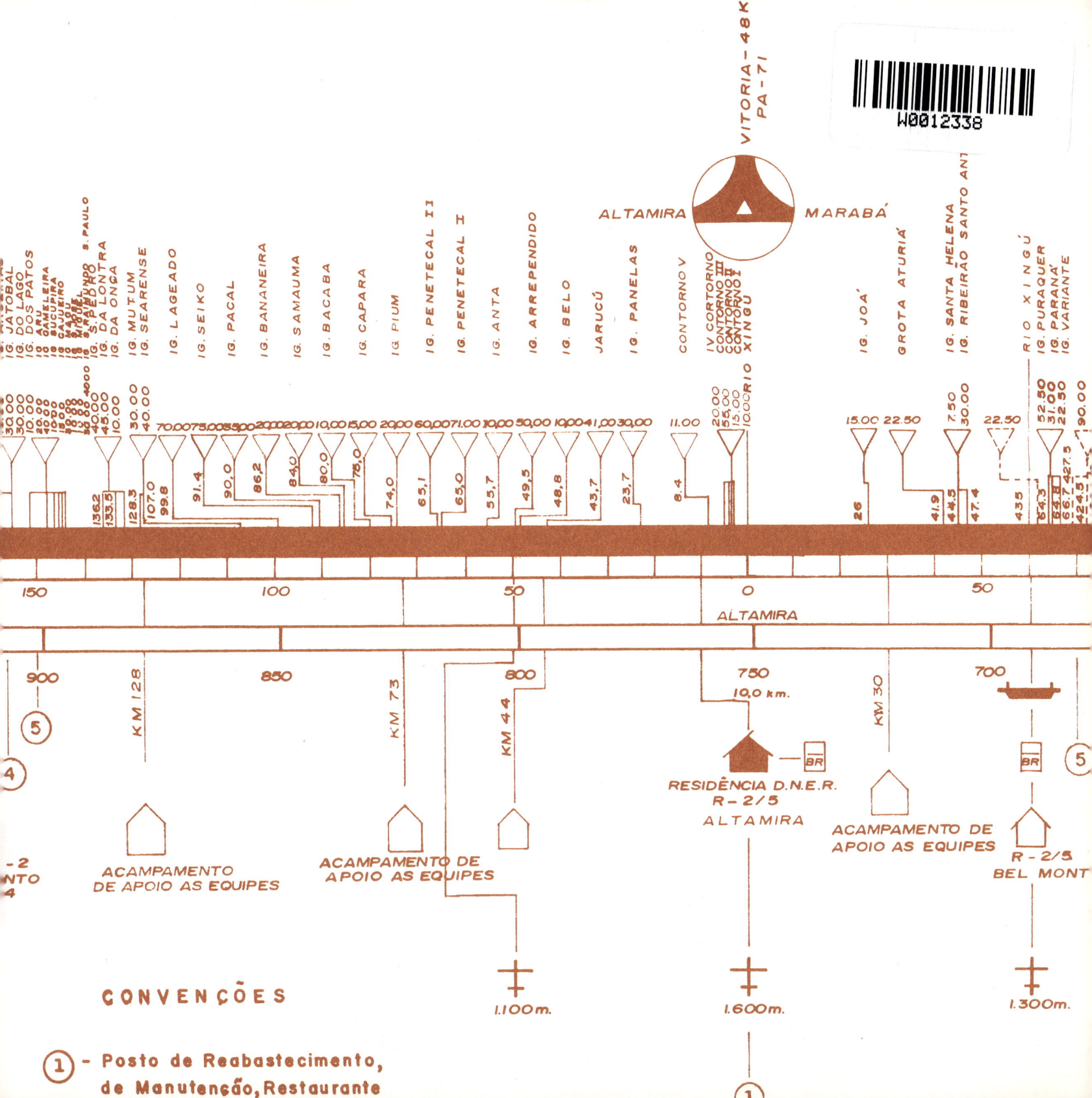

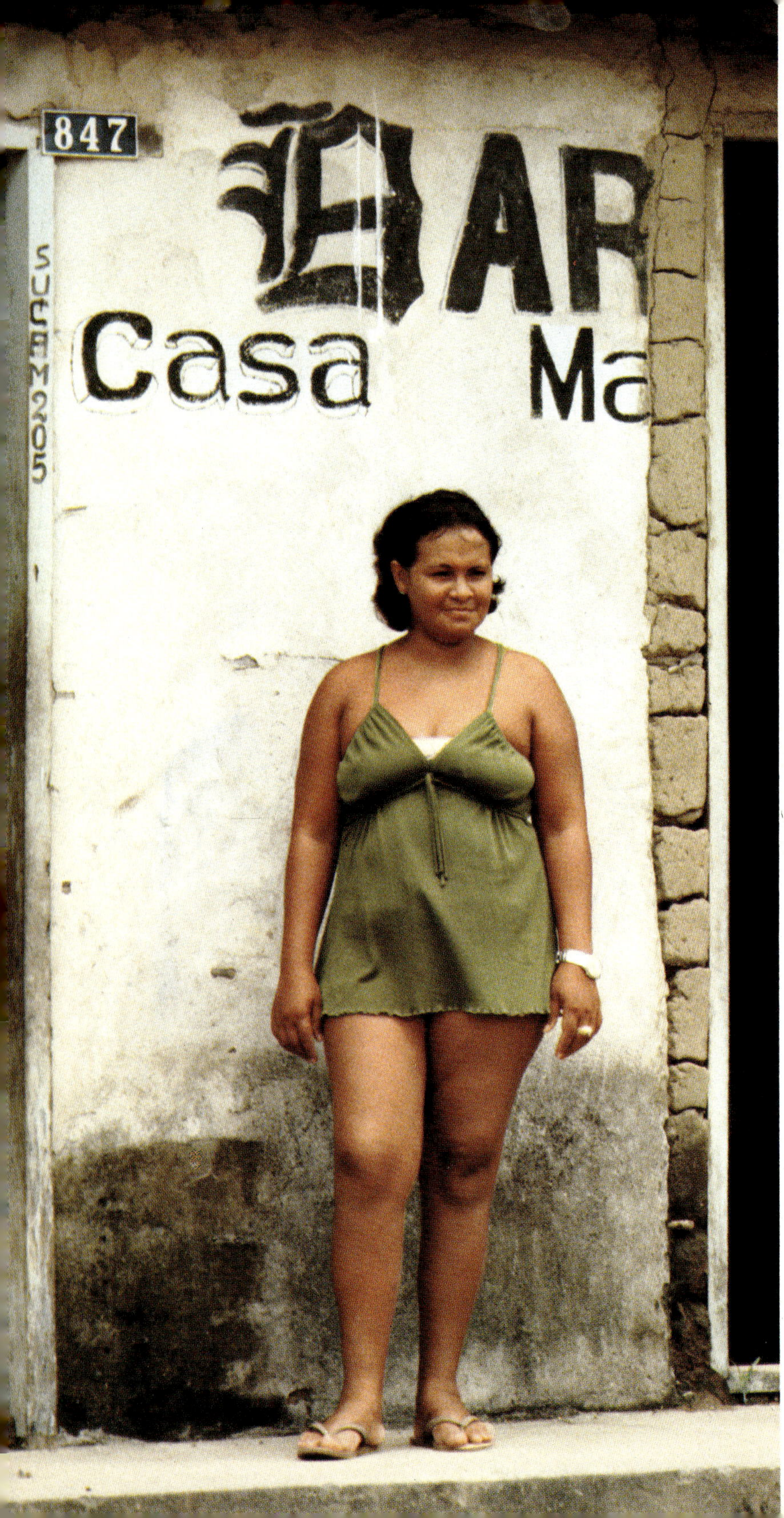
847
BAR
Casa
Ma
SUCAM 205

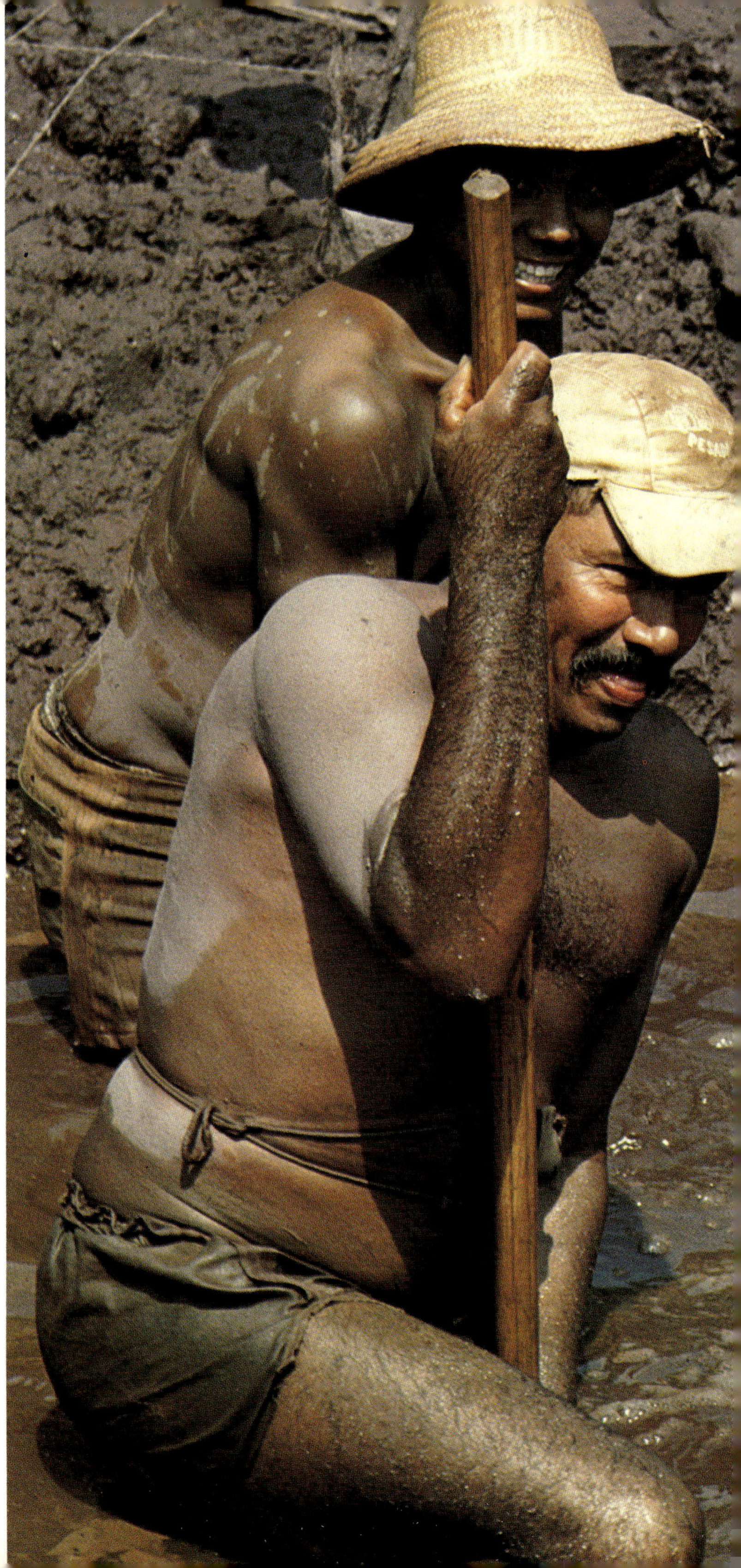

TRANS AMAZÔNICA

Goldrausch, Kautschukfieber und eine
6000 km lange Lehmpiste durch brasilianischen Dschungel

Andreas Bender

Badenia Verlag Karlsruhe

Dia des Umschlags: Andreas Bender, Königstein
Das Titelfoto zeigt die Tücken der Transamazônica

Vor- und Nachsatz: Ausschnitt aus dem Bauplan der
Transamazônica

Herstellung:
Badenia Verlag und Druckerei GmbH, Karlsruhe
Schrift: Excelsior/Fotosatz

Fotos: Alle Fotos stammen von Andreas Bender mit
Ausnahme der Seiten 1, 8/9, 12, 100/101, 105 rechts oben, 121
von R. J. Reynolds Tobacco GmbH sowie Seiten 52, 53, 56, 57,
60, 76 und 135 von Prof. Dr. Jürgen Aschoff.

Übersichtskarten: Wolfgang Weigold, Karlsruhe

Gestaltung: Werner Münkel, Karlsruhe

Buchbinderische Verarbeitung:
Großbuchbinderei Josef Spinner, Ottersweier

Printed in the Federal Republic of Germany

ISBN 3 7617 0196 9

Vorwort

Es gibt Orte, bei deren bloßen Nennung phantastische Vorstellungen in uns wach werden; sie locken durch den Reiz des Unbekannten, der nahezu unerreichbaren Ferne. Zu diesen Orten gehört zweifellos Amazonien.

Erst vor wenigen Tagen war ich von einer mehrwöchigen Expedition in Papua Neuguinea zurückgekehrt. Die Tage hatten soeben ausgereicht, um mich per bewährter Hausmittel und ärztlicher Hilfe von exotischem Ungeziefer zu entledigen. Ein anschließender Skiurlaub sollte dem Heilungsprozeß noch etwas nachhelfen.

Doch kurzfristig wurde alles umdisponiert; der geplante Skiurlaub war schnell vergessen. Statt Ski und Pullover gehörten nun wieder Baumwollhemden, Moskitonetz und Gummistiefel zu meinem notwendigen Gepäck.

Ich verließ das winterliche Königstein und flog mit Air France nonstop Richtung Südamerika, geradewegs dorthin, wo der Pfeffer wächst – nach Cayenne in Französisch Guayana. Cayenne ist mit 30 000 Einwohnern die verschlafene, spätkoloniale Metropole des Pfeffer produzierenden Staates, der außer den im dichten Dschungel von Kourou versteckten Abschußrampen europäischer Weltraumraketen und den Mauerresten einst berüchtigter Strafgefangenenlager in St. Laurent, in die ehemals die Gangstergrößen Frankreichs abgeschoben wurden, einem Besucher nicht viel zu bieten hat.

Meine nächste Station war Rio de Janeiro; trotz unzähliger Reisen nach Brasilien klingt es immer noch wie ein Zauberwort in meinen Ohren: Rio de Janeiro, Cariocas, fiebernder Karneval, braungebrannte Schönheiten am Strand von Ipanema, Macumba, Maracanã-Fußball und durchfeierte Tropennächte. Ein passender brasilianischer Ausspruch: „Gott schuf die Welt in sieben Tagen, zwei Tage jedoch hat er alleine für Rio de Janeiro gebraucht."

Doch Brasilien ist viel mehr, ein halber Kontinent, ein erregendes Phänomen, das in Europa in seiner verwirrenden Vielfalt noch kaum zur Kenntnis genommen wurde. Brasilien hat unzählige Gesichter. So zum Beispiel das des gewaltigen Amazonasdschungels. Als in Europa noch kräftig das Mittelalter herumspukte, wußten angebliche Augenzeugen bereits Eindrückliches vom Abenteuerspielplatz „Amazonas" zu berichten. Feurigste Phantasie und scheinbar objektive Beobachtungen von Abenteuerlustigen produzierten ein heilloses

Nachrichtenwirrwarr, das den Atem stocken ließ. Allen Ernstes berichteten Seefahrer, daß in den fernen Wäldern der neuen Welt giftgrüne Riesendrachen Feuer spuckten. Da graute es offenbar einem Bayern namens Ulrich Schmiedel tatsächlich nicht einmal davor, monatelang den Urwald nach jenen aggressiven Riesenweibern, die sich die rechte Brust ausbrennen, um damit beim Bogenschießen mehr Bewegungsfreiheit zu haben, verzweifelt zu durchforschen! Schon Francisco de Orellana berichtete nach seiner Entdeckung des großen Flusses von diesen prachtvoll-weiblichen Wunderweibern – Amazonen genannt. Durch diese offensichtliche Schwindelei erst kam der große Strom zu seinem Namen Amazonas!

Aber auch der deutsche Legendenproduzent Nikolaus Federmann war um eindrückliche Geschichten nicht verlegen; er vermeldete aus dem Amazonastiefland, er habe ein Land voll kniehoher Zwerge, Ayamanen genannt, entdeckt!

Nach Amazonien bzw. dem Amazonastiefland, genau da wollte und mußte ich hin. Ich wollte jedoch weder nach Ayamanen noch nach Amazonen forschen, sondern ich war der Wegbereiter für ein äußerst extravagantes automobiles Abenteuer, das drei Wochen lang im Mai 1980 auf der den südamerikanischen Kontinent von Ost nach West durchquerenden legendären Transamazônica stattfinden sollte, jener Lehmpiste von nahezu 6000 Kilometer Länge, quer durch den amazonischen Urwald, die an Entbehrungen und Schindereien keine Steigerungen zuläßt.

Die ideenreichen Manager des Hauses REYNOLDS TOBACCO, dem amerikanischen Tabakriesen mit deutscher Niederlassung, hatten zu diesem aberwitzigen Abenteuer aufgerufen. Zur Pflege des Fernweh- und Abenteuer-Images sollte die Ehre dem Reynolds-Kind CAMEL zuteil werden, eine Truppe deutscher Geländewagen-Abenteurer auf den Plan zu bringen. Der Expeditionstroß, einschließlich Journalisten und einer Filmcrew, sollte drei Wochen lang das Transamazônica-Abenteuer hautnah zum Nulltarif erleben.

Das Motto: „Wer durch die Hölle will, muß verteufelt gut fahren."

Die Bosse der rauchenden Industrie hatten dabei durchaus Hintergedanken. Mit einem Etat in Millionenhöhe sollte die Transamazônica-Tortur in allen auflagestarken Blättern Deutschlands per Anzeige angekündigt und verkauft werden sowie in bundesdeutschen Kinos als Hauptfilm-Vorspann laufen.

Ein letztes Mal ließ ich mich von den hübschen Stewardessen der VARIG-Brazilian Airlines mit ihrem so unverwechselbaren brasilianischen Charme mit all jenen scheinbar überflüssigen Annehmlichkeiten abendländischer Hochkultur verwöhnen, auf die ich während der folgenden Wochen auf der Transamazônica bereitwillig verzichten – auf die ich unbestritten ebenso gerne nach meiner Rückkehr dankbar wieder zurückgreifen wollte. Zwischenzeitlich also einmal wieder unverfälschtes Abenteuer erleben und mich all dem aussetzen, was der Urwald so an Besonderheiten zu bieten hat: Dreck und Staub, hüfttiefer Schlamm, Moskitos und Stechfliegen, brennende Hitze, erstickendes Waschküchenklima und schlaflose Nächte.

Das Abenteuer „Transamazônica", der Versuch, einige tausend Kilometer mit dem Geländewagen der Wildnis abzuringen, hat sicher den Ruch der oft geschmähten Männerfreiheit. Sei's drum, der Dschungel ist für alle da. Hier ist jeder zugelassen.

Gute vier Stunden brauchte die Boeing 737, in die ich in Rio eingestiegen war, ehe sie nach einigen Zwischenlandungen in Belém, der 900 000 Einwohner zählenden Metropole am riesenhaften Mündungsdelta des Rio Tocantins und Rio Amazonas, landete. Draußen herrschte ein Klima wie in einer gut funktionierenden Sauna; die mörderische Hitze brachte den Asphalt zum Schmelzen.

Hier nun sollte meine zunächst eher wissenschaftliche Mission beginnen, hier, wo Zivilisation und Wildnis, Hölle und Paradies so nahe beieinander liegen. Abenteuer dieser Art wollen vorbereitet sein, denn es genügt nicht, sich nur auf sein Glück zu verlassen. Jedes Abenteuer ist das Ergebnis sorgfältiger Vorbereitungen!

Dazu bedarf es allerdings einiger einflußreicher Gehilfen, die in der Lage sind, das gesamte genehmigungspflichtige Projekt auf höchster Ebene durch die endlosen bürokratischen Stationen hindurchzuboxen. Ich brauchte Kontakte zu Straßenbaufirmen, der höchsten Polizeikommandantur, der staatlichen Mineralölgesellschaft PETROBAS, der Staatsminengesellschaft DOCEGEO, der Indianerschutzbehörde FUNAI sowie mehreren Charterfirmen für Helikopter und Flächenflieger, um nur einige zu nennen. Außerdem war ein vertrauenswürdiger Partner wichtig, mit dem ich zusammen während zweier Inspektionsreisen auf der Transamazônica die notwendigen Recherchen anstellen konnte und der das ganze Projekt sowie unsere Interessen, ich reiste im Auftrage von IKARUS EXPEDITIONEN, auch während meiner Abwesenheit weiterverfolgen und überwachen konnte.

Der Umgang mit Brasilianern will gelernt sein! So mancher Germane scheiterte schon an dieser Lektion. Einen Tag beruflich in Brasilien unterwegs zu sein kann tatsächlich zur Geduldsprobe werden. Als ungeduldiges, nervöses Hemd erreicht man in Brasilien so gut wie nichts. Man wird vielmehr als pillenschluckender Neurotiker abgestempelt, wenn man sich nicht schnellstens auf die Gepflogenheiten des Landes einstellt. In Brasilien bekommt man nur selten die wichtigen Leute ans Telefon und schon gar nicht wichtige Informationen auf diesem Wege. Die Brasilianer sind ausgesprochen exemplarische Individualisten. Es behagt ihnen nicht, ins Blaue hinein irgend etwas Belangvolles zu sagen. Sie wollen erstens sehen, wem sie etwas sagen, und sie halten zweitens wenig von einer Welt ohne Schulterklopfen, ohne Cafezinho und ohne ein bißchen „small-talk".

Schon vier Stunden nach meiner Landung in Belém saß ich im großzügig eingerichteten Büro von Senhor Ruy Nobre de Brito, Diretor Presidente de VW do Brazil do Pará, einem waschechten Carioca. Ich lernte einen kalkuliert-spontanen, hochqualifizierten, aber dennoch legeren, unkomplizierten Mann kennen. Unsere Abmachung sollte gelten: Für meinen ersten Transamazônica-Versuch stellte mir VW do Brazil einen VW-Jeg Utilitario, ein speziell für brasilianische Verhältnisse in São Paulo konzipierter Geländewagen, zum täglichen Mietpreis von US-Dollar 45 zur Verfügung. Sollte der Wagen während der Tour einen mehr als 30%igen Sachschaden erleiden, so würde ein weiterer Wagen bei meiner zweiten Reise eine tägliche Miete von US-Dollar 80 kosten. Sollte auch dieses Mal der Wagen das Hindernisfahren nicht triumphierend und unbeschadet überstehen und bei Rücklieferung kaum mehr als Schrottwert besitzen, so hatten wir einen Tagessatz für die dritte Reise von US-Dollar 105 ausgemacht. Aufgrund der hohen Reparaturkosten, die ich befürchtete, war dies mehr als ein faires Angebot, denn bei der dritten Reise, der eigentlichen CAMEL TRANS-AMAZÔNICA, benötigte ich mindestens 10 Wagen als Begleitfahrzeuge für Journalisten, Arzt und Filmcrew; und keiner dieser Wagen kehrte ohne einen Sachschaden von wenigstens 1500 US-Dollar nach Belém zurück.

Nach dieser einstündigen Unterhaltung wurde es höchste Zeit für Entspannung zu sorgen. Ruy führte mir die verschiedensten Exemplare seiner recht ansehnlichen Waffensammlung vor. Um mir die Wirksamkeit und Verwendbarkeit seiner Mordinstrumente besser erläutern zu können, feuerte er sie alle kurzerhand einzeln durchs weit geöffnete Chefetagenfenster ab.

Einen brauchbaren Tip gab er mir noch zwischen Tür und Angel: „Alberto Colonelli, Avenida Presidente Vargas 145, ist der richtige Partner für Sie." Diese Adresse war mein nächstes Ziel, und Alberto war der richtige Mann: 29 Jahre alt, Bolivianer mit einer kleinen Reiseagentur, die nahezu ihren gesamten Umsatz durch die Reisetätigkeit des amerikanischen Milliardärs Daniel Keith Ludwig und seiner über 15 000 Arbeiter, die in einem Forst- und Landwirtschafts-Mammutunternehmen im Gebiet des Rio Jari nördlich des Amazonas beschäftigt sind, erzielte. Das war eigentlich Grund

genug anzunehmen, daß Alberto mein „Mann" sein konnte. Er selber war jedoch nie zuvor auf der Transamazônica gewesen; was hätte ihn auch dazu bewegen sollen, denn ein solches Abenteuer bedeutete unter Umständen einen enorm hohen finanziellen Einsatz. Genug Geld hatte ich mitgebracht und mein Geländewagen stand bereits draußen. In einem mehrstündigen Gespräch machte ich Alberto die gesamten Zusammenhänge, Sinn und Zweck dieses in der Tat ungewöhnlichen Vorhabens begreiflich; bereiteten wir unsere erste Reise ins Ungewisse vor, denn bevor die rauchende Truppe Einzug halten sollte, wollte ich mit Alberto zweimal den Dschungel südlich des Amazonas durchqueren.

Schon nach wenigen Stunden hatte sich Albertos Büro in ein gut sortiertes Waren-und Ersatzteillager verwandelt. Neben zahllosen Autoersatzteilen lagen da Spitzhacken, Schaufeln, Brecheisen, mehrere Benzinkanister, 4 Reservereifen, ein Flaschenzug, 20 Meter Hanfseil, Moskitonetze, Hängematten und tausenderlei Kleinkram, angefangen bei Taschenlampenbatterien bis hin zum Dosenöffner und Isolierband. Mit all dem und einem dikken Packen Cruzeiro-Banknoten verließen wir Belém in Richtung Süden. Für die ersten 716 km diente uns die brasilianische Staatsstraße 010 als Zubringer zur Transamazônica.

Kilometer für Kilometer der Transamazônica hielt ich mit nahezu wissenschaftlicher Genauigkeit in Schrift und Bild fest, um alle Eventualitäten bei unserer Planung von Anfang an berücksichtigen zu können, denn schon der geringste Fehler wäre unter Umständen schwerwiegend genug gewesen, das ganze Projekt scheitern zu lassen. Nicht zuletzt mußten Spritdepots vorgesehen sowie die Verpflegung für 20 Personen sichergestellt werden.
Wir versuchten das Ausmaß dieses abenteuerlichen Vorhabens, von widrigsten Umständen begleitet, in den Griff zu bekommen, das Risiko zu kalkulieren, um wenigstens die notwendigsten Vorkehrungen treffen zu können. Nicht selten stießen wir dabei an die Grenzen unseres eigenen Leistungsvermögens. Wir waren jedoch hier, um zu beweisen, daß zumindest die Möglichkeit besteht, die Transamazônica erfolgreich unter die Räder zu bringen. Erst mit dieser Gewißheit bzw. Selbstsicherheit konnten wir ernsthaft mit der organisatorischen Arbeit beginnen. Und trotzdem blieb es ein ungewisses Abenteuer, denn die freie Natur läßt sich nun einmal nicht berechnen – zum Glück noch nicht. Aber das gab uns wiederum nicht das Recht, allzuviel dem Zufall zu überlassen. In lebensbedrohlichen Situationen mußten dem Abenteuerdrang Grenzen gesetzt sein, hier sollte die Vernunft Oberhand behalten. Daher waren gewissenhafte Vorkehrungsmaßnahmen erforderlich, damit im akuten Notfalle alles wie am Schnürchen ablaufen konnte, denn Unfälle mit meist tödlichem Ausgang sind auf der Transamazônica keine Seltenheit, sondern gehören eher zum alltäglichen Bild.

Was die Brasilianer stolz und verlockend als Transamazônica, ihre Straße des Jahrhunderts, bezeichnen, entpuppte sich als eine offenbar von Fallenstellern präparierte Schlamm- und Wellblechpiste von 6000 km Länge. Ob vorhersehbar oder nicht vorhersehbar, es bot sich überall ein breitgefächertes Angebot verwegener Möglichkeiten, sich ins Jenseits oder mindestens ins Abseits zu befördern. Da sind bedenklich schwankende, morsche Holzbrücken, wenig vertrauenerweckende Fährkonstruktionen oder eine mit quadratmetergroßen Fallgruben bestückte Piste, wirkungsvoll genug, um einen Wagen ins Dickicht zu schleudern.

Nach insgesamt drei Wochen Transamazônica hatten sich meine Bücher, Aktenordner und Tonbandkassetten mit einer Fülle von exakten Entfernungsangaben, Zahlen, Adressen, Karten und Zeichnungen, Aktionsberichten, Daten über Niederschlagsmengen und Wassertiefen, dokumentarischen Fotos, persönlichen Eindrücken, tagebuchähnlichen Aufzeichnungen, Genehmigungs- und Empfehlungsschreiben, Visitenkarten sowie Interviews gefüllt.
Nach einer zweiten Vorreise im März 1980 war es dann schließlich am 5. Mai 1980 soweit. Die CAMEL TRANSAMAZONICA konnte gestartet werden, nach dem Motto: Nicht aufgeben und durchhalten bis zum guten Ende! Möglich war es, das hatten Alberto und ich zweimal bewiesen.

Während dieser drei Reisen entstanden die Fotos zu diesem Buch. Der textliche Teil bezieht sich vornehmlich auf die beiden Inspektionsreisen auf der Transamazônica sowie auf zwei weitere Reisen im Jahre 1981 in die größte brasilianische Goldgräberkolonie Serra Pelada südwestlich der Transamazônica. Zusammen mit der denkwürdigen und zugleich abenteuerlichen Vergangenheit zur Zeit des Kautschukbooms versucht das vorliegende Buch dem Leser ein Bild des heutigen Amazoniens zu vermitteln, eines riesenhaften Dschungels, in dem die Brasilianer heute die größten Vorkommen an Bodenschätzen weltweit vermuten und darin ihre große Zukunft sehen.

So unwahrscheinlich es klingen mag, aber bereits Adolf Hitler liebäugelte schon vor über 40 Jahren mit den Rohstoffreserven Amazoniens.
In einem Deutsch-Brasilianischen Heft von 1973 erinnern die Brasilianer daran, daß anläßlich des berühmten Münchener Abkommens zwischen Daladier, Chamberlain und Hitler im Jahre 1938 Frankreich und England dem Chef des Nationalsozialismus („Volk ohne Raum") den konkreten Vorschlag unterbreitet hätten, ihm bei der Eroberung des brasilianischen Amazonasgebietes zu helfen, wobei Hitler im Tausch den polnischen Korridor und das Verbleiben der Sudetengebiete bei der Tschechoslowakei garantiert hätte!

Andreas Bender
Mount Cook – Neuseeland, im Juni 1981

Goldrausch an der Transamazônica

Ob in Alaska, Mexiko oder Neuseeland vor über 100 Jahren oder selbst in unseren Tagen im verfilzten Gebirgsdschungel von Neuguinea, hartgesottene Goldgräber gehören immer noch zu den Männern der ersten Stunde. Abenteuerumspannend öffnen sie auch heute noch Grenzen und ebnen den nachfolgenden Prospektoren mächtiger Minengesellschaften und Konzerne den Weg in eine neue Zukunft.

So sind auch die Bodenschätze Amazoniens noch lange nicht in ihrem gesamten Umfang bekannt. Hier koordinieren die besten Köpfe Brasiliens die Forschungsarbeiten und setzen die Richtlinien, mit deren Hilfe Amazonien in die reichste und produktivste Region der Welt verwandelt werden soll. Amazonien genießt in diesem faszinierenden „Zukunftsprogramm" den historischen Vorteil, daß es schon von Anbeginn an ein Land der Eroberung ist. Ein Hügel mitten im amazonischen Dschungel südlich der Transamazônica ist die neueste Errungenschaft brasilianischer Goldgräber. Über 30 000 Garimpeiros sind über ihn hergefallen, seitdem der Bauer Genesio Ferreira da Silva im Frühjahr 1980 auf der Suche nach einem neuen Stück Land die ersten gelben Körnchen gefunden hat. Die Nachricht von seinem Fund verbreitete sich wie ein Lauffeuer entlang der Transamazônica.

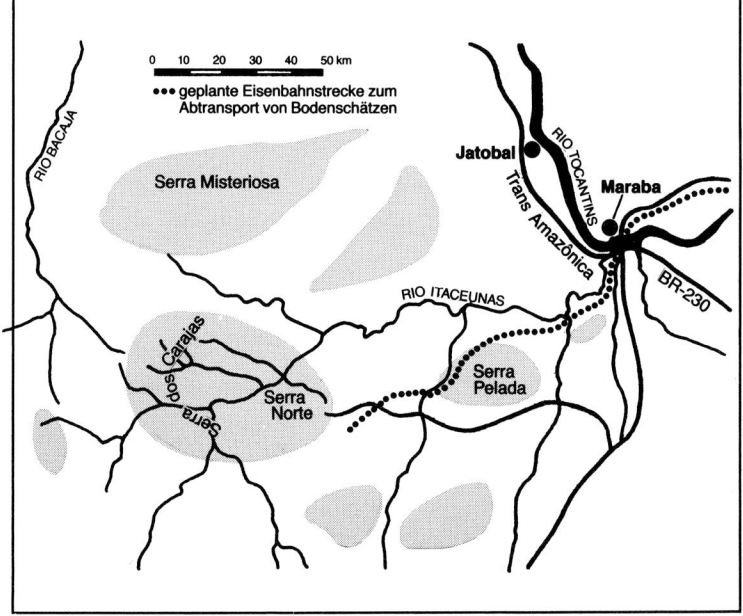

Die kleine zweisitzige Maschine der Staatsfirma Companiha Vale do Rio Doce schwebt über dem graugrünen Gemisch aus Dschungel und Wolken irgendwo im Südwesten von Marabá. Doch dann setzt heftiger Regen ein. Plötzlich ist alles um uns herum schwarz wie die Nacht. Der prasselnde Regen scheint die Maschine durchlöchern zu wollen und der peitschende Wind wirft uns wie einen Tennisball hin und her, in der nächsten Sekunde schon reißt es uns wie durch eine Fallgrube in die Tiefe, anschließend geht es wie in einem übersteuerten

Aufzug wieder nach oben. Es kommt mir vor, als seien wir ohne es wahrzunehmen plötzlich in ein immerwährendes Unwetter eingetaucht. Ich empfinde nicht einmal das Gefühl einer großen Gefahr; zu sehr hat mich dieses Schauspiel in seinen Bann gezogen. Schweißgebadet umklammert Manoel Rodrigues krampfhaft den Steuerknüppel und deutet mir in einem flüchtigen Blick zur Umkehr. Nach 75 Minuten Flug landen wir wieder in Marabá. Auf unsicheren Füßen klettern wir aus unserer Maschine.

Als sei nichts gewesen stehen wir an der Brettertheke des kleinen Flughafenrestaurants und bestellen zwei große Bier. Dann drängt Manoel auf einen erneuten Versuch. Nach wenigen Minuten schon sind wir wieder in der Luft. Deutlich unter uns sind LKW's zu erkennen, die sich quälend durch den Morast der Urwaldpisten graben. Endlich, nach 25 Flugminuten schweben wir über den Claims von Serra Pelada. Am westlichen Horizont türmen sich noch immer grauschwarze Wolkenberge auf, durch die feuerrote Blitze zucken. Unter dem dichten Dach der mächtigen Baumwipfel erheben sich sanfte Hügel, schneiden sich mitunter schwindelerregende Schluchten in den rostbraunen Lehmboden. Ein Labyrinth aus schlammigbraunen Flußläufen durchzieht den Urwald. Die Zweimotorige sinkt in einen tiefen Talkessel und zieht zwei enge Kurven zwischen den dicht bewaldeten Berghängen. In einem weiten Bogen fliegt Manoel im Tiefflug triumphierend eine Schleife über Brasiliens Goldgrube.

Sekunden später landen wir auf einer glitschigen Erdpiste im Carajás-Gebirge und kommen zwischen einigen Holzbaracken mehr oder weniger schleudernd zum Stehen. Schon wenig später schwebt das nächste Lufttaxi ein. Eine heulende Sirene vertreibt die Goldgräber von der Landepiste, die gleichzeitig Hauptstraße des Camps ist.

Hier, 25 Flugminuten von Marabá, haben die Naturkräfte einen ganz besonderen Hügel hinterlassen. „Serra Pelada", Kahler Berg, nennen ihn die Garimpeiros, die Goldgräber Amazoniens. „Rua do ouro", Straße des Goldes, ist auf einem Schild am Wegesrand zu lesen. Auf den Veranden notdürftig errichteter Baracken baumeln Hängematten, in einigen liegen abenteuerliche Gestalten, die in bunten Sexillustrierten blättern. Am Ende des Weges ragt der Hügel empor, der den neuesten brasilianischen Goldrausch auslöste. Zu Tausenden sind sie im Frühjahr vorigen Jahres wie Ameisen über ihn hergefallen. Arme Bauern und Viehhirten, Straßenarbeiter, Ärzte, Rechtsanwälte, Lehrer, aber auch die Ingenieure der gigantischen Brückenbaustellen am Tocantins- und Araguaia-Fluß in der Nähe Marabás ließen alles stehen und liegen. In wenigen Tagen hatten sie aus dem Wald eine aufgewühlte Landepiste für Lufttaxis herausgeschlagen, ringsherum Bretterbuden aufgestellt und dem Ganzen den Namen „Neu Babylon" gegeben.

Jeder dieser Glücksritter hat ein paar Quadratmeter für sich abgesteckt, einen Claim. Seither tragen sie mit Spitzhacke und Schaufel den Hügel systematisch ab. Der gleicht nun eher einem Tierkadaver, aus dem sie wie Maden rechteckige Gruben, Löcher und Terrassen herausfressen. Untereinander sind diese Gräben mit Bambusleitern verbunden. Über wackelige Sprossen kriecht eine nie abreißende Schlange von Menschen. Halbnackte Gestalten kommen über den Weg, die Körper von dünnem Schlamm überzogen, gebückt unter der Last schwerer Säcke, die sie zum nahen Fluß hinunterschleppen. Dort wird die gelblichrote Lehmerde, Schaufel für Schaufel, in großen flachen Blechpfannen mit kreisenden Bewegungen ausgewaschen, die wachsamen Augen immer auf Spuren des gelben Metalls gerichtet, die in Form von ein paar grammschweren, gelben Körnchen an der tiefsten Stelle der Pfanne liegenbleiben. Zu Hunderten stehen die Männer mit ihren Pfannen nebeneinander im schlammig-trüben Wasser. Einer

zeigt auf winzige gelbe Körner zwischen den Schlammresten in der Pfanne: Fünf Gramm Gold, schätzt er augenzwinkernd.

Die derzeit größte Goldgräberstadt der Welt, mitten im dichten Amazonasdschungel, liefert jeden Monat über eine Tonne des wertvollen Metalls!

Seite 25   *Hartgesottene Goldgräber gehören noch immer zu den Männern der ersten Stunde in der Erforschung Brasiliens.*

Seiten 26/27   *Luftaufnahme von Serra Pelada: Notdürftig errichtete Hütten bieten 25 000 Goldgräbern ein Zuhause.*

Seiten 28/29   *Serra Pelada gleicht eher einem Tierkadaver, aus dem Goldgräber wie Maden rechteckige Gruben, schmale Schächte und Terrassen herausfressen. Untereinander sind diese Gräben mit Bambusleitern verbunden.*

Seiten 30/31   *Mit kreisenden Bewegungen wird die goldhaltige Erde in flachen Blechpfannen ausgewaschen; die wachsamen Augen immer auf Spuren des gelben Metalls gerichtet.*

Absoluter Herrscher dieser Goldgräberstadt namens Neu Babylon war schon bald der eben noch bettelarme Bauer Ferreira da Silva, der schnell genug einige Pistoleiros zusammengetrommelt hatte. Von den Goldgräbern trieb er 30 Prozent ihrer Ausbeute ein und ließ sich von jedem startenden Passagier als Flughafengebühr acht Gramm Gold auszahlen. Er verdiente zusätzlich an den verkauften Lebensmitteln, an den rasch aus Brettern zusammengenagelten Kneipen und Bordellen und an Sexmagazinen; überall verlangte er Wucherpreise. Wie an allen wild gewachsenen Schürforten, so blühte auch hier ein schwunghaftes Geschäft mit der Prostitution; da Silva wirkte auch hier federführend mit.

Streitereien um die Abmessungen der oft nur handtuchgroßen Claims, um ein paar Gramm Gold, einen günstigen Waschplatz unten am Fluß oder um Frauen wurden rigoros mit dem Revolver ausgetragen. So kam es täglich zu Schießereien und Messerstechereien.

So ging es bis zum 11. Mai vorigen Jahres. An diesem denkwürdigen Sonntag im Mai landete auf der Piste Major Curio von der brasilianischen Bundespolizei zusammen mit 50 uniformierten Beamten, den „Federais".

In wenigen Tagen hatte Major Curio und seine Mannen militärische Ordnung in das Chaos gebracht. Er verbannte als allererstes die Frauen, die das Hauptübel für die dauernden Schießereien darstellten, in die drei Busstunden entfernte Stadt Marabá und ließ ab sofort kein weibliches Wesen mehr ins Lager.

Neuer Zuzug von Goldgräbern wurde verhindert. 25 000 Garimpeiros erhielten eine Lizenz der staatlichen Minengesellschaft. Alleine die Besitzer dieser „Carteira" sind seitdem berechtigt, sich in Serra Pelada und Neu Babylon aufzuhalten. Der Major wies 4500 Männer, die keine Lizenz bekamen, aus dem Camp und sorgte dafür, daß binnen weniger Wochen alle ihre Waffen ablieferten. So lungern nun die Elendsgestalten in Marabá herum, das durch den Goldrausch inzwischen auf 80 000 Einwohner angewachsen ist.

Genesio Ferreira da Silva mußte Neu Babylon ebenfalls verlassen, immerhin im eigenen Flugzeug. Er flog zu seiner eben erworbenen Großfarm. Für einen Mann, der noch vier Monate zuvor nicht mehr als eine Hacke, ein Buschmesser und einen Sack Mais besessen hatte, wahrlich kein schlechter Ausgang eines kurzen Abenteuers.

Die brasilianische Regierung hatte nun hier das Kommando übernommen. Nach dem Gesetz gehören alle Bodenschätze dem Staat. Die Caixa Economica Federal, die staatliche Bundessparkasse, schickte ihre Beamten, die das Gold nun zu festen Tageskursen aufkauften. Bislang war es über Zwischenhändler und Spekulanten, zum Teil im Ausland ansässig, versickert; ein unerträglicher Ver-

lust für die Regierung Brasiliens, die den neuen Reichtum dringend braucht, um ihre Auslandsschulden in Milliardenhöhe abzuzahlen.

Die Garimpeiros müssen sich mit 70 Prozent des internationalen Goldpreises zufrieden geben, derzeit rund 34 000 DM pro Kilo, die ihnen die Staatsbank zahlt. Vor der Bankbaracke stehen am frühen Nachmittag die Goldgräber Schlange, um ihre Tagesproduktion in bares Geld umzusetzen. Über den Brettertresen gehen Monat für Monat Cruzeiros im Werte von über 10 Millionen Dollar.

Geübte Garimpeiros, aber auch einige unerfahrene Glückspilze haben schon einige Kilo herausgewaschen und sind Cruzeiro-Millionäre geworden. Die bislang größte „Einzelportion": 19 Kilogramm Gold an einem einzigen Tag und aus einem einzigen Claim. Sie brachten ihrem Besitzer netto rund 800 000 DM. Die Unternehmerklasse der Garimpeiros rechnet jedoch mit ganz anderen Beträgen. Einer der Männer, die schnell reich geworden sind, ist der bärtige Oswaldo Renzo, den es aus São Paulo zur Goldsuche nach Amazonien trieb. Der gelernte Rechtsanwalt hielt sich bei Ausbruch des Goldfiebers gerade in Marabá auf, wo er sich spontan mit dem Metzger von Marabá, Jose Maria, zusammentat und sich einen Claim in der Serra Pelada erwarb, der sich zufällig im Bereich des ausgiebigsten Goldvorkommens befand. Zusammen mit 16 Nachbarn beförderten sie bis zum heutigen Tage insgesamt 3250 Kilogramm Gold im Werte von 4 Milliarden Cruzeiros (116 Millionen DM) ans Tageslicht.

Niemand von ihnen nimmt mehr selbst die Schaufel oder Blechpfanne in die Hand. Die „Unternehmerklasse" der Garimpeiros überwacht aus Schaukelstühlen ihre Arbeiter, die für sie schuften: Leute, deren Claim nicht ergiebig genug war, um wenigstens die Betriebskosten zu decken. Ihr Durchschnittsverdienst liegt bei 18 bis 25 Dollar pro Tag – immerhin noch das Sechsfache von dem, was sie als Plantagen- oder Straßenarbeiter verdienen könnten.

Die „Unternehmerklasse" bildet sozusagen die Oberschicht der Goldgräbergesellschaft von Serra Pelada. Unter ihnen rangieren die übrigen Claimbesitzer, zu denen auch die Ärzte im Lager und die Eigentümer der neu entstandenen Geschäfte und Restaurants gehören. Unter den Arbeitern haben die „Wäscher" den höchsten Verdienst. Mehr oder weniger „abgespeist" werden die Sackträger.
Seit kurzem ist der Handel mit Claims verboten. Wer seinen Claim aufgibt, hat keinen Anspruch auf

Entschädigung eventueller Nachfolger. Dennoch ist es üblich, daß unter der Hand „Schlüsselgelder" bezahlt werden. So zum Beispiel Manoel Rubelo, der für 10 Quadratmeter Boden über 200 000 Dollar bezahlte. Der Vorbesitzer konnte die hohen Betriebskosten nicht mehr aufbringen.

Betriebskosten sind beispielsweise der Einsatz von Pumpen, wenn die Grube im Regenwasser zu ersaufen droht. Wer das Geld für eine neue Pumpe nicht aufbringen kann, muß sie für 200 Dollar im Monat anmieten. Auch die Sackträger, die das Erdreich zum Waschplatz schleppen, müssen entlohnt werden.

Die Oberschicht hat sich eigene Waschplätze mit einem weitverzweigten Wasserleitungssystem eingerichtet. Wer diese Leitung anzapfen will, muß dafür tief in die Tasche greifen. Nur die „Reichen" haben dazu genügend Geld. Der Durchschnitts-Garimpeiro von Carajás muß schon sehr viel Glück haben, um reich zu werden. Den meisten bleibt, wenn überhaupt, nach Abzug aller Kosten ein Aus-

Seiten 42/43   Auf der Landepiste, die gleichzeitig Hauptstraße des Camps ist, versammeln sich einige Tausend Goldgräber, um einer öffentlichen Ansprache des Major Curio beizuwohnen.

kommen von kaum 150 Dollar monatlich. Und dieser Betrag ist schnell verbraucht. Monatlich ein Taxiflug zu den Kneipen und Bordellen Marabás, denn für Schnellservicemädchen und Alkohol ist im Regime des Zuchtmeisters Curio kein Platz. Darüber hinaus geben viele das Geld für teure Radios und Kassettenrecorder aus, aus denen dann bis in die frühen Morgenstunden in ohrenbetäubender Lautstärke die neuesten Schlager und die melancholische Sambamusik Brasiliens über die staubige Budenstadt in den Himmel steigen. Oder für die von Major Curio geduldeten Pornohefte, das Exemplar zum Einheitspreis von 15 Dollar.

Trotz strenger Regeln erfreut sich der Major in Neu Babylon allgemeiner Beliebtheit. Er schützt nicht nur das Monopol der Carteira-Besitzer, sondern hat auch weitgehend Kriminalität und Gewalttätigkeit abgeschafft. Er, der auch Sympathien zu gewinnen versteht, entpuppte sich inzwischen als einer der raffiniertesten Geheimdienstoffiziere, als eine Art amazonischer „007" des Staatspräsidenten João Figueiredo. Luchini ist sein offizieller Deckname, der Name seiner Frau. In Wirklichkeit ist er der Oberstleutnant Sebastiao Rodriguez de Moura. Curio wird er nach einem bekannten brasilianischen Singvogel benannt. Während des Feldzugs der Militärdiktatur gegen die kommunistischen Guerillas im Jahre 1972/74 in Amazonien soll er Gefangene durch geschicktes Befragen „zum Singen gebracht" haben. Die Geologen bestätigen, daß der Major nunmehr höchste Interessen „nationaler Sicherheit" bei der Goldgräberei vertritt. „Aber alle Welt mag ihn", versichert mir der Geologe Edivaldo; „er ist der höchste Gott der Garimpeiros." Für die Regierung rettet er das Gold vor Schmuggel und Schwarzmarkt und läßt es weit unter Weltmarktpreis in die Staatskasse fließen, ohne auch nur einen einzigen Cruzeiro für industrielle Fördertechnik zu investieren.

Schon morgens um sechs ertönt aus der zentralen Lautsprecheranlage in Serra Pelada die Nationalhymne, sozusagen als „Muntermacher". Gleichzeitig wird vor dem Polizeiposten an der Landepiste die Staatsflagge aufgezogen. Auf ihr steht die Parole „Ordem e Progresso" – Ordnung und Fortschritt.

An Festtagen nimmt der Major auf der Landepiste sogar eine Parade der Garimpeiros ab. Einheitlich mit Plastiksandalen und T-Shirts ausgerüstet, ihre Blechpfannen wie Sturmgewehr unter dem rechten Arm, ziehen sie an ihm vorbei, während ein Unteroffizier durch barsche Zurufe versucht, die hageren Gestalten zu Gleichschritt und Paradehal-

Hevea brasiliensis

tung zu bewegen. Anschließend folgen Ansprachen, sogar eine Botschaft des Präsidenten wird verlesen, dessen Besuch vor wenigen Wochen hier im Camp mit einem Feuerwerk gefeiert wurde.

Schließlich muß ein Goldgräber vor versammelter Mannschaft seinen Spruch aufsagen: „Wir danken der Regierung und der Bundespolizei; sie haben uns Ordnung und Fortschritt gelehrt."

Dann rückt die 25 000 Mann starke Goldgräber-Armee ab – Zeit ist schließlich Gold.

Seite 46 *Trotz strengster Regeln erfreut sich der Zuchtmeister Curio in Serra Pelada allgemeiner Beliebtheit. In der Öffentlichkeit feiert man ihn als den „höchsten Gott der Garimpeiros".*

Seite 47 *Zwei Immobilienmakler aus Rio de Janeiro ließen sich, von der Wahnwitzigkeit eines Goldrausches getrieben, ebenso wie Tausende von armen Bauern, Vagabunden und Glücksrittern in Neu Babylon nieder.*

Bereits 300 Jahre bevor Charles Nelson Goodyear im Jahre 1839 die Vulkanisation erfand, und damit die technische Verwendung des Kautschuk ermöglichte, waren in verschiedenen Ländern Südamerikas Spiele mit Kautschukbällen bekannt.

So wurde das Golf, mit Kugeln aus Gummi gespielt, schon von den ersten spanischen Missionaren in Peru beschrieben. Der Historiker Antonio de Herrera Tordesillas berichtet von Kolumbus und seinen Gefährten, den ersten Europäern, die jenes biegsame Baumharz nachweislich zu Gesicht bekamen, das sie im Jahre 1495 bei den Eingeborenen auf Hispaniola (Kleinspanien), dem heutigen Haiti, dunkle elastische Kugeln sahen. Schon 1525 erwähnten spanische Schriftsteller den seltsamen Stoff, den die Indianer mit Kau-utschu, d. h. „weinender Baum", bezeichneten.

Als die ersten Nachrichten von dem unermeßlichen Reichtum jener neu entdeckten Länder das noch nahezu mittelalterliche Europa in ungläubiges Erstaunen versetzten, gerieten erstmals geringe Proben des bislang wertlosen Baumharzes unter die Hände von Wissenschaftlern. Doktoren und Quacksalber schrieben ihm heilende Wirkung bei Schwindsucht, Skorbut und vor allem Magen- und Zahnschmerzen zu!

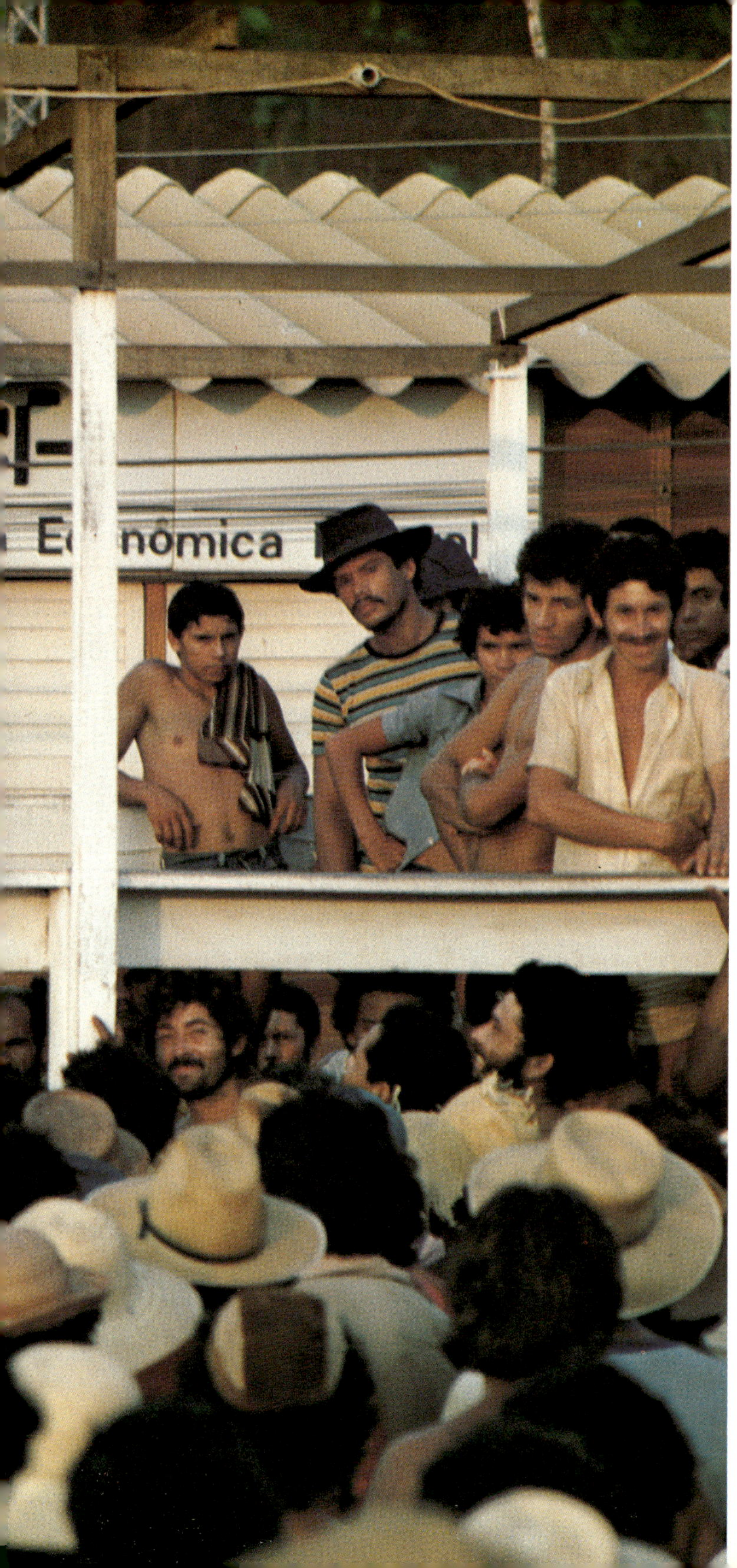

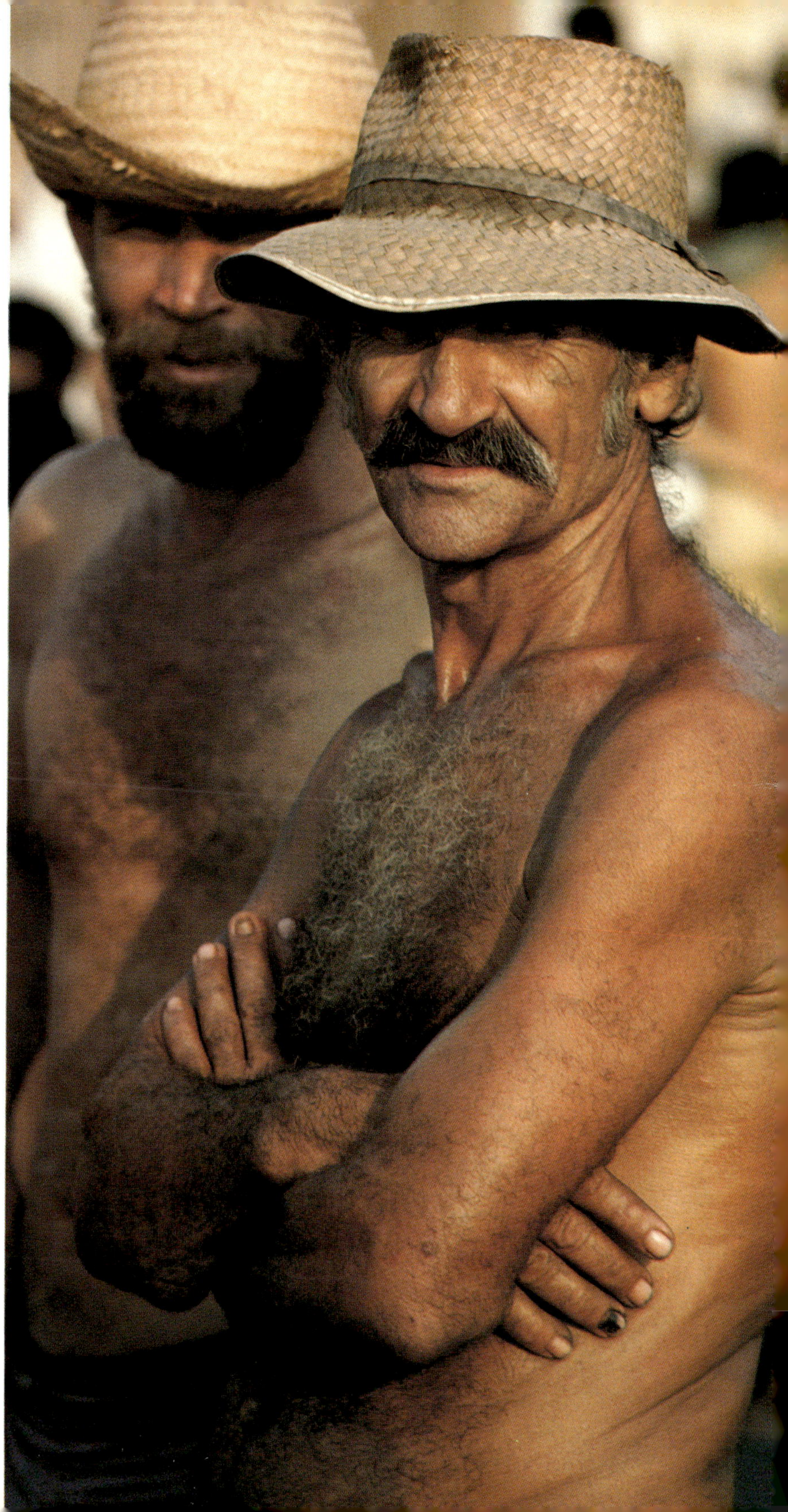

Aus den damals noch als unzugänglich geltenden Urwaldgebieten Amazoniens, die Jahrhunderte später mit ihrer im feuchten Dschungel beheimateten Hevea brasiliensis (Pará-Kautschukbaum) zur Geburtsstätte des brasilianischen Kautschukmonopols werden sollten, kamen nun immer öfter kleinere Mengen des klebrigen Harzes nach Europa.

Einem Franzosen, dem Mathematiker und Weltreisenden Charles Marie de la Condamine, gebührt der alleinige Ruhm, den neuen Rohstoff und seinen wahren Ursprung der Welt bekanntgemacht zu haben. Bei den Omaguas, einem Eingeborenenstamm an den Ufern des Amazonas, beobachtete er zum ersten Mal, wie die Eingeborenen einem Baum durch einen Einschnitt in die Rinde einen weißlichen Saft abzapften, aus dem sie dann die erstaunlichsten Gebrauchsgegenstände herstellten. Sie fertigten daraus nicht nur Schuhe, die kein Wasser durchließen, sondern auch birnenförmige Flaschen, an deren Hals sie ein Holzröhrchen befestigten; drückte man auf den Flaschenbauch, so spritzte die Flüssigkeit strahlartig heraus.

Der englische Mechaniker Nairne bemerkte 1770 zufällig, daß man mit einem Stückchen Kautschuk schnell und säuberlich Bleistiftstriche entfernen

konnte. Das Produkt „Radiergummi" eroberte in Windeseile die damals bekannte Welt.

Amerikanischen Unternehmern gelang es um das Jahr 1800 die ersten Tonnen Rohgummi aus dem Amazonasgebiet in die Hafenstädte der amerikanischen Ostküste zu schaffen. In Boston wurden 1802 zum ersten Mal Abendschuhe aus Gummi angeboten; 1837 verkauften die Schuhhändler Neuenglands zu einem Stückpreis von etwa drei Dollar bereits 95 000 Paar Schuhe. Das Geschäft mit dem Gummi versprach gute Gewinne. In diesen Tagen jagte eine sensationelle Erfindung die andere. Der schottische Chemiker Charles Mackintosh erfand im Jahre 1823 in seinem Laboratorium nahe Glasgow den Regenmantel. Diese Neuerfindung erfreute sich gerade im regnerischen England so großer Beliebtheit, daß schon bald der Name Mackintosh gleichbedeutend mit Regenmantel wurde.

Bei all diesen Neuerfindungen gaben vor allem zwei Eigenschaften immer wieder Anlaß zu Ärger und Unzufriedenheit: Im Sommer wurden die Sachen weich und klebrig und im Winter wurden sie steif und vor allem spröde und brüchig. Die Wis-

Seite 49   Beschwerlich ist das Leben der Siedler, die dem verfilzten Dschungel ihren Lebensunterhalt abringen müssen.

48

senschaftler standen diesem Problem zunächst hilflos gegenüber. Das allgemeine Interesse an den Produkten der Gummiindustrie ging zurück; die Fabrikanten standen vor dem sicheren Ruin. Die zahlreichen Wissenschaftler in Europa und Amerika ließen jedoch keine Ruhe.

Charles Nelson Goodyear, ein gelernter Mechaniker aus Philadelphia, hatte sich in den Kopf gesetzt, die mangelhafte Machart aller bisherigen Gummierzeugnisse zu verbessern. Die kostenaufwendigen Versuche verschlangen sein gesamtes Vermögen; sie brachten ihn sogar soweit, daß er bis hin zu den Schulbüchern seiner Kinder alles in bares Geld umsetzte. Bald darauf gelang es Goodyear, einen Geldgeber, William Ballard aus New York City, für seine sich allmählich vervollkommnenden Verfahren zu interessieren. In Staten Island erwarben beide ein leerstehendes Fabrikgebäude und mieteten am Broadway ein geräumiges Geschäftslokal, in dem die fertigen Erzeugnisse zur Schau gestellt werden sollten.

Doch in diesen Jahren verfiel die amerikanische Wirtschaft in eine große Krise, die Banken stellten ihre Zahlungen ein, und noch ehe die Fabrikation der Waren in großem Maße aufgenommen werden konnte, verloren Goodyear und Ballard ihr Geld bis auf den letzten Cent. Wieder einmal hatte es ihn

hart getroffen; nur mit allergrößter Mühe konnte er den Hunger vor der Türe halten. Seine Mißerfolge ermutigten ihn jedoch immer wieder zu neuen Versuchen. Bedeutsamer wurde seine Bekanntschaft mit Nathaniel Hayward, dem Werkführer der Eagle Rubber Company in Woburn. Hayward hatte eine wertvolle Entdeckung gemacht; er hatte nämlich Kautschuk mit Schwefel in Verbindung gebracht und diese Mischung anschließend der Luft zum Trocknen ausgesetzt. Charles Goodyear erkannte die Entwicklungsmöglichkeit dieses Verfahrens und erwarb die Rechte dafür von Hayward für 12 000 Mark. Schon wenig später beauftragte ihn der Generalpostmeister von Washington mit der Herstellung wasserdichter Postsäcke. Wiederum steckte er sein ganzes Kapital in dieses Vorhaben. Nach der Fertigstellung Tausender von Postsäcken mußte er jedoch feststellen, daß die Schwefelmasse nur die Oberfläche des Materials imprägniert hatte und die unteren Schichten wie bisher vollkommen unberührt und klebrig gelassen hatte. Sein ganzes Augenmerk war von nun an darauf gerichtet, die Ursachen des Mißgeschicks zu ermitteln. Bei seinen weiteren Versuchen geriet ein Probestück der Gummimasse unabsichtlich mit einem heißen Ofen in Berührung. Die Tatsache, daß es nach und nach verkohlte, überraschte ihn außerordentlich. Er folgerte daraus, daß der Vorgang der

Verkohlung, zum richtigen Zeitpunkt eingehalten, der Masse ihre Klebrigkeit nehmen werde. Während zahlreicher Testversuche erhitzte er Rohgummi in einer Schwefelschmelze. Da das entstandene Gemisch wie ein tätiger Vulkan stank, bezeichnete er sein Verfahren mit „Vulkanisation", welches er 1844 als Patent anmeldete. Nun benötigte er wieder einen Geldgeber, der seiner Entdeckung Vertrauen schenkte. Durch die zahlreichen zurückliegenden Mißerfolge entmutigt, verharrten jedoch alle bei dem Glauben, daß die Anwendung des neuen Verfahrens auch wieder nur mit viel Ärger und finanziellem Verlust verbunden sein werde. So lag der Tag nicht fern, an dem Goodyear abermals ins Schuldengefängnis wandern mußte.

Durch die bereits beträchtlichen Lieferungen an Rohgummi aus Brasilien konnten die Hersteller in Amerika und Europa dennoch nicht umhin, sein patentiertes Verfahren zumindest versuchsweise anzuwenden. Dieses Mal blieb der Erfolg nicht aus. Charles Nelson Goodyear erzielte im Laufe der Jahre recht beträchtliche Gewinne aus seinen Lizenzverträgen. 1855 verwandte er auf der Pariser Weltausstellung die Summe von 200 000 Mark für eine Sonderausstellung, auf der fast alle Gegenstände gezeigt wurden, die bislang aus vulkanisiertem Gummi hergestellt worden waren. Der ungeheure Aufwand, den er für die Publizierung des

Vulkanisationsverfahrens betrieben hatte und die Betrügereien eines seiner Agenten verschlangen sein letztes Kapital. Da er nun seinen Verbindlichkeiten wieder einmal nicht nachkommen konnte, verhaftete man ihn in Paris und setzte ihn in Clichy hinter Gitter. Nach einigen Monaten konnten Londoner Freunde seine Freilassung erwirken. So begab er sich im Jahre 1858 zurück nach New York, wo er, geschwächt durch die vielen Jahre der Entbehrungen und Entmutigungen, am 1. Juli 1860 starb.

Im letzten Jahrhundert glaubte man noch, Erfinder seien Männer, die einen sittlich nicht ganz einwandfreien Lebenswandel führten. Man hielt sie für Menschen, die an chronischem Geldmangel litten, ausschließlich Schulden machten und vor allem tranken. Die Wissenschaftler hatten in der damaligen Gesellschaft tatsächlich einen sehr schweren Stand und wurden eher mitleidig belächelt, als ernst genommen. Ebenso erging es auch Robert

Seiten 52/53 Zwei typische Kindergesichter aus Amazonien.

51

Seringueiros

William Thompson, der 40 Jahre bevor das Fahrrad der Allgemeinheit bekannt wurde, den luftgefüllten Gummireifen erfand. Seine ersten Versuche machte er mit einem alten Karren, dessen Räder er mit aufgeblasenen Därmen versehen hatte. Später ließ er sich in Edinburgh Reifen aus Gummi herstellen und vervollständigte sie mit einem Ventil; den Grundzügen nach keine wesentlichen Unterschiede zu unseren heutigen Modellen.

Im Jahre 1888 schließlich erfand der irische Tierarzt John Boyd Dunlop aus Belfast den pneumatischen Reifen in geringfügig verbesserter Form noch einmal. Mit Schuhen, Stiefeln, Regenmänteln, Stoßdämpfern für Straßenbahnen, Radiergummis, Bällen und Wärmflaschen setzten bereits 1858 in Amerika über 40 Firmen mit etwa 10 000 Angestellten rund 6 Millionen Dollar um.

Die Jahre der Jahrhundertwende standen im Zeichen einer sich explosionsartig entwickelnden Nachfrage nach Gummi. Es hatte fast den Anschein, als sei das Gummi dazu bestimmt, eine der kostbarsten Raritäten des Weltmarktes zu werden.

„Diese Wurzeln und der Schlamm sind Hindernisse, die besonders schwer und nur unter größten Strapazen zu passieren sind. Darin zu leben ist unerträglich; allein schon wegen der Myriaden von Moskitos, die ihn bevölkern."
Odoardo Beccari

Mit dieser Entwicklung, die sich schon um das Jahr 1860 abzeichnete, ging ein neuer Geldregen über Brasilien nieder. Brasilien wurde in der Vorstellung der übrigen Welt vom Zucker-, Gold-, Kaffeeland nunmehr zum Kautschukland. Aus allen Teilen der Welt und besonders aus Brasilien strömten die Menschen an den Amazonas, um an diesem Boom teilhaben zu können.

Die Hevea brasiliensis, der klassische Gummibaum, ist sowohl im südlichen als auch nördlichen Stromgebiet bis hin zu den östlichen Abhängen der Kordillieren anzutreffen, ein Gebiet, das 5 Millionen Quadratkilometer südamerikanischen Bodens umfaßt. In der Regel werden sie 18–20 Meter hoch und erreichen einen maximalen Durchmesser von 60 Zentimeter. Unter ihrer Rinde verlaufen die sogenannten Milchschläuche, die beim jungen Baum noch in Gliederstücke abgetrennt sind. Später lösen sich die Zwischenwände auf und der Saft kann nun alle Röhren durchfließen. Die Blütenrispen der hohen schlanken Bäume sind gabelig verzweigt; ihre nußartigen Früchte enthalten ein Öl, das man zur Herstellung von Seife benutzt. Die Bäume werden nach vier bis fünf Jahren erstmals angezapft. Ein Jahr später schon geben sie eine durchschnittliche Menge von zwei Liter Milch pro Saison, was etwa einer Kautschukmenge von einem Kilogramm entspricht.

Von August bis Januar dauert die Seringa, die Ernte der Gummimilch. In dieser Trockenzeit ist die Milch am wenigsten verhärtet. In der übrigen Zeit des Jahres verhindern die jährlichen Überschwemmungen jede geregelte Arbeit. Im mittleren Stromgebiet steigt das Wasser zur Zeit der tropischen Regenfälle bis zu 20 Meter über normal.

Auch heute noch gibt es Seringueiros, Kautschuksammler, die ebenso leben und arbeiten wie vor hundert Jahren, als sie vom Kautschukboom angelockt in die Urwälder strömten. Nach aktuellen Schätzungen sind es immerhin noch etwa 55 000 Seringueiros, die Jahr für Jahr das Amazonas-Tiefland zwischen Belém und Benjamin Constant an der Grenze zu Peru durchstreifen. Aber sie arbeiten nur noch für den brasilianischen Eigenbedarf, da Brasilien es aufgegeben hat, die Hevea brasiliensis auf eigenem Boden zu kultivieren. Wenn auch der Kilopreis zur Zeit des Kautschukbooms um ein Vielfaches höher lag, so lebten die

Seringueiros früher unter denselben erbärmlichen Verhältnissen, wie sie es heute noch tun. Damals nämlich kassierten die Zwischenhändler die enormen Gewinnspannen ein.

Seite 56   *Die Hängematte gehört zur Standardeinrichtung eines jeden Siedlerhauses.*

Seite 57   *Mancher mag erstaunt sein, mit welchen Kochkünsten hier die schmackhaftesten Mahlzeiten zubereitet werden.*

Während der Erntemonate verpflichtete der Aviado oder Patron, der Unternehmer, zahllose Seringueiros und schickte sie bis in die entlegendsten Gebiete des gesamten Stromsystems.

Hier nun baute sich der Kautschuksammler zunächst eine mit Palmenblättern gedeckte Hütte, die während der folgenden Monate seine Behausung darstellte. Jedem Arbeiter wurde ein Areal zugeteilt, in dem er zwölf Stunden täglich unterwegs war. Zuerst suchte er nach einer Estrada, nach einem Weg, der sämtliche im zugeteilten Gebiet vorhandenen Kautschukbäume miteinander verband. Durch das Gewirr der Wurzeln, Arazeen, Farne und Ingwergewächse, das aus dem Dung vermorschter Bäume und verfaulter Blätter in lichtloser Abgeschlossenheit wuchert, bahnte er sich eine Estrada, die gewöhnlich 90 bis 120 Heveabäume umfaßte. Nach diesen mühsamen Vorbereitungen, an denen die meisten schon scheiterten, konnte er erst mit der eigentlichen, gewinnbringenden Arbeit beginnen. Schon früh am Morgen machte sich der Seringueiro auf, um die Bäume mit seinem scharfen krummen Messer anzuritzen und die Metallschälchen zum Auffangen des Latex unter dem Einschnitt anzubringen. Diese Arbeit mußte vor Sonnenaufgang erledigt werden, da später die schnelle Verdunstung den Fluß des Gummis zum Stillstand bringt. Stunden später machte er

dann seinen zweiten Gang durch die Estrada, um die inzwischen mit Milch gefüllten Näpfe in einen Eimer oder eine Kürbisflasche zu entleeren. Kilometerlange Wege führten ihn täglich durch Schluchten, Flüsse und Sümpfe, in denen es von Insektenschwärmen, Schlangen, Piranhas, Alligatoren und anderen ihm unbekannten Gefahren nur so wimmelte.

Dieser erste Kautschuk der Welt wurde unter weitaus schlimmeren Bedingungen gesammelt, als sie je ein brasilianischer Leibeigener ertragen mußte: von ausgemergelten, fiebergeschüttelten, ja oft sogar sterbenskranken Männern.

An guten Tagen trug er vielleicht zehn bis zwölf Pfund des Saftes zusammen. Damit war seine Tagesarbeit aber noch nicht beendet. Obwohl er schon seit Sonnenaufgang auf den Beinen war, mußte er nun noch seine Tagesausbeute, nachdem er sie auf 40 bis 50 Grad erhitzt hatte, in seiner Hütte über einem stark qualmenden Feuer aus Mimusoholz, Palmfrüchten und Urucurinüssen räuchern. Dieses Feuerungsmaterial erzeugt einen Rauch von besonderer Hitze und Sauerstoffgehalt. Er träufelte die Milch auf eine Stange, die nach Barbecue-Art über dem Feuer gedreht wurde, dessen beißender Rauch die merkwürdige Eigenschaft besitzt, die Kautschukmilch augenblicklich gerinnen zu lassen. So erhielt er nach einigen Tagen Kugeln von bis zu 25 kg Gewicht, „pelas" genannt. Diese wurden nun von der Stange abgezogen und in der Sonne getrocknet. Je dichter und blasenfreier die gesamte Masse war, desto besser wurde seine Qualität gewertet, und um so höher lag der Verkaufserlös, den er von seinem Patron dafür erhielt. Eine Estrada lieferte während der fünf- bis sechsmonatigen Erntezeit etwa 1000 Liter Milch.

Die brasilianische Kautschukgewinnung zeichnete sich in weiten Gebieten durch eine rücksichtslose Zapfmethode aus. Um den gesamten Latexsaft innerhalb kürzester Zeit zu gewinnen, schlug man oft die kostbaren Bäume einfach um. Die Folgen dieser Barbareien waren, daß man bereits um die Jahrhundertwende die Wälder an ihren leicht zugänglichen Stellen soweit ausgebeutet hatte, daß sie für eine regelmäßige und zielgerechte Ausbeutung nicht mehr in Betracht gezogen werden konnten.

Der Dschungel, der Jahrhunderte hindurch allen Eindringlingen widerstanden hatte, war in wenigen Jahren kreuz und quer von schmalen Pfaden durchzogen. Immer weiter zogen die Seringueiros die Flüsse hinauf und gründeten auf ihrem Wege zahlreiche kleinere Siedlungen. Selbst auf dem Rio Xingú, dem Rio Tapajós und dem Rio Tocantins unternahmen diese vom Kautschukfieber aufgerüttelten Menschen Erkundungsfahrten. Da die Heveabäume nur vereinzelt (etwa 8 Bäume auf einem Hektar) im Urwald wachsen, war ein immer weiteres Vordringen in die unwegsamen Gelände zwischen den Flußläufen unumgänglich.

Seite 60 Baumbewohnende Faultiere, deren langer Kopf und lange Gliedmaßen fast an Affen erinnern, sind recht gut an ihre Umwelt angepaßte und besonders lebenszähe Tiere. Zögernd, bedächtig und mit zeitlupenhaften Bewegungen hangeln diese graugrünen unscheinbaren Bündel durch das Geäst des tropischen Regenwaldes.

Die Todesbahn am Rio Madeira

„Das Land ist ein wahres Schlachthaus. Die Arbeiter sterben wie Fliegen. Der Schienenstrang durchschneidet den Dschungel, wo Sümpfe mit Porphyrblöcken abwechseln. Mit dem ganzen Kapital der Welt und der Hälfte ihrer Arbeitskräfte wäre es unmöglich, dieses Werk zu vollenden."
Ein Ingenieur aus Philadelphia (Ende 19. Jhdt.)

Expeditionen kampflustiger Seringueiros drangen ungesehen in die ebenfalls ergiebigen Gebiete Boliviens ein, um im kautschukreichen Acregebiet ihren Bedarf zu decken. Das führte schon bald zu erbitterten Kämpfen mit den bolivianischen Gummisuchern. Die brasilianische Regierung gab sich gar nicht erst die Blöße einer versehentlichen Grenzverletzung, sondern sandte kampferprobtes Militär in dieses Gebiet, das dem äußersten Westen Brasiliens angrenzte, denn man spekulierte auf weitere Gewinne aus der Kautschukproduktion. Brasilianische Truppen kamen in kürzester Zeit auf Wasserwegen ins Kampfgebiet, während bolivianisches Militär hingegen Wochen benötigte, um über die Anden und durch den anschließenden Dschungel und Sumpf das umkämpfte Gebiet zu erreichen. Innerhalb weniger Wochen hatten die Brasilianer das gesamte Acre-Gebiet, ein Territorium von der vierfachen Größe der Schweiz, in Besitz genommen.

Im Jahre 1903 wurden im brasilianischen Petropo-lis die Streitigkeiten durch einen Vertrag beigelegt. Gegen eine geradezu lächerlich erscheinende Entschädigungssumme von zwei Millionen englische Pfund kassierte Brasilien das ehemals bolivianische Acre.

Nun sah sich die brasilianische Regierung gezwungen, um den soeben erworbenen Urwald systematisch ausbeuten zu können, eine brauchbare Verbindung zu dem weit entfernten Acre am Oberlauf des Rio Madeira herzustellen. Der Rio Madeira, einer der bedeutendsten südlichen Zuflüsse des Amazonas, wird in seinem Oberlauf von zahllosen Stromschnellen unterbrochen, die jeglichen Schiffsverkehr unmöglich machen.

Früher mußten von und nach Bolivien bestimmte Waren zwischen Guajará-Mirim und Porto Velho auf dem Rücken Eingeborener auf zeitraubenden, beschwerlichen Urwaldpfaden an den sich 400 km ausdehnenden Stromschnellen vorbeigetragen werden.

Brasilien hatte den Bau eines Kanals mit Schleusen bzw. als Alternative die Konstruktion einer Eisenbahnlinie in Erwägung gezogen. Man hatte nichts unversucht gelassen. So beorderte man das nordamerikanische Kriegsschiff „Enterprise" noch vor der Jahrhundertwende unter Kapitän Selfridge zum Rio Madeira, um die Stromschnellen gründlich untersuchen und exakte Karten anlegen zu lassen. Gleichzeitig beauftragte man die deutschen Ingenieure Keller-Lenzinger, Vater und Sohn, die Möglichkeit eines Eisenbahnbaus entlang der Stromschnellen zu prüfen. Wegen der zu hohen Kosten für die Erbauung eines Kanals entschied man sich endgültig für die Erstellung einer Eisenbahnverbindung zwischen Porto Velho am Rio Madeira und Guajará-Mirim am Rio Mamoré. Die Bahn sollte durch den undurchdringlichsten und wildesten Dschungel ganz Südamerikas gebaut werden. Es war daher fast zu erwarten, daß sich selbst die hartgesottensten Caboclos weigerten, durch diese fiebrige Hölle am Rio Madeira eine Schneise für die Gleise voranzutreiben. Ein tollkühnes Vorhaben, das über zehn Jahre lang auf den Schreibtischen zahlreicher Regierungsstellen und Banken schlummerte. Aber schließlich heuerte man für viel Geld Schwarze von den westindischen Karibikinseln an, die man zusammen mit dem aufwendigen Material an die beiden Ausgangspunkte schickte. Aber das mörderische Klima, Malaria, Gelbfieber und Typhus dezimierten unaufhaltsam die kaum ersetzbaren Arbeiter und ihre Familien. Zusätzlich wurde die Verwirklichung des Projekts durch die ständigen Metzeleien zwischen Indianern und Arbeitern erschwert, die auch noch oft genug nächtliche Überfälle zur Folge hatten, denen nicht selten ganze Lager samt Baumaterial

zum Opfer fielen. So war bereits nach nicht einmal zwölf Monaten das Projekt zum Scheitern verurteilt. Keiner der Arbeiter sollte jemals seine Heimat auf den westindischen Antillen wiedersehen! So sann die Regierung auf neue Möglichkeiten, an Arbeitswillige heranzukommen. Es vergingen weitere 25 Jahre, ehe man soviel Arbeitskräfte beisammen hatte, daß man einen neuerlichen Versuch wagen konnte. Aber auch dieses zweite Aufgebot fiel den unwirtlichen Bedingungen größtenteils zum Opfer: niedergestreckt vom Pfeilgift der Indianer, vom Gelbfieber oder von der Malaria. Im Jahre 1913 wurde dann schließlich der letzte Kilometer des 367 Kilometer langen Schienenstranges verlegt. Die endgültige Bilanz war jedoch erschreckend: über 40 000 Menschen hatten nachweislich ihr Leben verloren; auf jeden Kilometer kamen mehr als 100 Tote.

Heute sind von den 500 000 Eisenbahnschwellen der eingleisigen Strecke über die Hälfte morsch, die Schienen ausgeschlagen, die Lokomotiven und Waggons seit Jahren reparaturbedürftig. Die Instandsetzung der gesamten Bahnstrecke, die von Porto Velho aus entlang dem Rio Madeira bis Abuna verläuft, hier nach Süden abbiegt, weiter dem Lauf des Rio Mamoré folgt und schließlich an der bolivianischen Grenze endet, hat ein Ingenieurtrupp des 5. Heeresbataillon übernommen.

Die goldenen Zeiten von Manaus

„Brasilien ist häufig im Laufe seiner Geschichte durch das Fieber des Abenteuers vorangekommen. Das Holzfieber brachte die ersten Siedler. Dann kam das Zuckerrohrfieber, das Kautschukfieber und endlich das Kaffeefieber, das die brasilianische Wirtschaft begründete. Das Amazonienfieber wird das Fruchtbarste von allen sein.“
Wolfgang Hoffmann-Harnisch

Die enorme Nachfrage nach Kautschuk bildete die Grundlage für einen beispiellosen Aufschwung der Weltwirtschaft. Jahr für Jahr stieg der Bedarf an Kautschuk, und jedes Jahr überflügelten die Preise diejenigen des Vorjahres. Während dem Seringueiro ein Pfund Kautschuk gerade einige Handvoll Maniokmehl einbrachte, erhandelte der Exporteur einen Gegenwert von vierzig Pfund Kaffee.

Ein Taumel des Übermuts erfaßte die vormals verlassene Provinz Amazonas. Manaus, das bis 1856 Cidade da Barra bzw. Barra do Rio Negro hieß, war damals eine unbedeutende, primitive Kleinstadt, die 1871 vielleicht drei- bis viertausend Einwohner zählte. Manaus, am Zusammenfluß der schwarzen Fluten des mächtigen Rio Negro mit dem Rio Amazonas gelegen, verzehnfachte innerhalb von wenigen Jahren seine Einwohnerzahl und wurde so von einem ehemals trostlosen Indianerdorf zu einer der prächtigsten und elegantesten Städte der damaligen Welt!

Der Urwald am Amazonas erlangte weltweite Bedeutung. Die gesamte Weiterentwicklung der Technik hing von ihm ab. Die Entdeckung des Kautschuk hatte diese morsche Welt in Aufruhr gebracht. Abenteurer und Geschäftsleute aus aller Welt eilten zu dieser neuen Quelle des Reichtums, die plötzlich im Urwald sprudelte.

Im Jahre 1897 wurde von Manaus aus Gummi im Wert von nahezu 50 Millionen Dollar verschifft. Das zurückbleibende Steuereinkommen ermöglichte das sprunghafte Aufblühen der Amazonasstädte. In der damaligen Amazonas-Hauptstadt Pará, dem heutigen Belém, deren Bevölkerungszahl zu jener Zeit von 50 000 auf über 275 000 angewachsen war, und Manaus erschienen auf den Firmenschildern plötzlich Namen aus aller Herren Länder. Das Geld floß in Strömen. Man pflasterte die Straßen, legte Kanalisationen an und installierte das erste elektrische Licht Südamerikas. So entstand auch damals schon ein Straßenbahnnetz; übrigens das erste des amerikanischen Kontinents, das man noch heute, nach fast 90 Jahren, als überdimensional empfindet.

Die alten Bauwerke und Hütten waren längst verschwunden. An ihre Stelle erbauten sich die meisten Leute, die über Nacht zu Millionären geworden waren, aus italienischem Marmor im Kolonialstil Herrenhäuser und Paläste, die von französischen Architekten entworfen worden waren. Häuser im spanischen Kolonialstil und Villen, die wie türkische Moscheen aussahen, wetteiferten in jeder Straße darum, am meisten aufzufallen. In den zahlreichen öffentlichen Parkanlagen drängten sich neben Pavillons aus buntem Glas unzählige viktorianische Statuen, Putten, Marmorsäulen, Zementengel und Porzellangötter.

Nahezu das gesamte Baumaterial mußte seinerzeit importiert werden, nicht etwa aus anderen Teilen Brasiliens, sondern direkt aus Europa. Die Stadtväter von Manaus ließen in London ein Zollamt und einen Justizpalast erbauen, um anschließend beide Gebäude, nachdem jeder einzelne Granitblock numeriert war, wieder abzutragen und per Hochseedampfer über den Atlantik und den Amazonas hinauf zu transportieren. Der große Trumpf dieser Urwaldstadt war seine direkte Verbindung durch den Amazonas mit dem offenen Ozean. Hier konnte man es erleben, wenn die riesigen Dampfer aus den Hafenstädten der nordamerikanischen Ostküste und Europas in den Rio Negro einfuhren, die brodelnde Grenze zwischen den gelben und schwarzen Fluten überquerten, um bei Blasmusik und Sirengeheul in Manaus vor Anker zu gehen. Der Reichtum ergoß sich in Strömen über Manaus – und Manaus protzte mit seinem Reichtum so gut

es konnte. Im Jahre 1892 plünderte der damalige Statthalter Eduardo Ribeiro seine ohnehin überfüllte Stadtkasse und setzte sich für eine großzügige Renovierung der Urwaldstadt ein. Neben neuen breiten Boulevards, Verwaltungsgebäuden und Krankenhäusern plante man den Bau eines Opernhauses.

Einer italienischen Baugesellschaft erteilte man den kostspieligen Auftrag. Mit der Anweisung, nur das Beste und Teuerste zu kaufen, sandte man zahlreiche Sonderbeauftragte nach Europa, um die Baumaterialien und die Einrichtung auszusuchen. Schon nach wenigen Wochen wurde Manaus von ausländischen Baumeistern und Künstlern überflutet. Die Grundsteinlegung eines Opernhauses mit 1200 Sitzplätzen – für eine Stadt von damals nicht einmal 15 000 Bewohnern – war allerdings Grund genug, keine Kosten zu sparen. Mit großem Pomp, langatmigen Reden, aufspielenden Militärkapellen und einem beeindruckenden Feuerwerk feierte Manaus vor den Toren des wuchernden Dschungels den Baubeginn. Im Hafen von Manaus, dessen schwimmende Docks nahezu 40 Millionen Dollar Baukosten verschlungen hatten und der mit 1313 Metern die längste Landungsbrücke der Welt besaß, lagerten bereits die aus Glasgow beorderten Eisenträger. Nach und nach entlud man an der Reede von Manaus Marmor aus Italien, Porzellan aus England, Glas aus Böhmen und kistenweise Möbel aus Frankreich. Um die Bauarbeiten voranzutreiben, legte man kurzerhand Eisenbahnschienen vom Hafen zum Bauplatz.

Die Bauherren beauftragten einen italienischen Maler, die Deckengewölbe der riesigen, aus bunten Fayencen gefertigten Kuppel, von der ein paar Übergeschnappte bedauerten, daß man sie nicht aus purem Gold erstellt hatte, mit auf Harfen spielenden Engeln und barbusigen Indianermädchen auszuschmücken. Schwere Spiegel und Möbel im Louis XV-Stil aus Paris schmückten die Logen, Wandelhallen und Garderoben. Für eine Wendeltreppe bestellte man den Marmor in Carrara, ließ ihn in Frankreich behauen und anschließend in Le Havre auf ein portugiesisches Schiff verladen, das jedoch knapp drei Wochen später im Golf von Mexiko sank. Dieser Zwischenfall konnte die Gemüter der Bauherren kaum erregen. In einer Zeit, in der in Manaus mehr Champagner als in Paris floß, schmückte man sich mit immer aufwendigeren Kostbarkeiten. So scheute man sich auch nicht vor den Kosten, die Gewölbe mit weiteren Malereien auszuschmücken und als Vollendung einen wuchtigen Lüster aus böhmischem Kristall aufzuhängen. Was nun noch fehlte, war ein gewaltiger, eiserner Apollo, den man bereits unter ungeheuerem Kostenaufwand von Frankreich nach Manaus schaffen ließ. Da Experten einer Pariser Firma bei der Anbringung der Eisenkonstruktion der Kuppel des Opernhauses hölzerne Strebepfeiler verwandt hatten, die schon nach wenigen Monaten Termitenschäden aufwiesen, befürchteten die Bauherren, daß die Kuppel und mit ihr das ganze Opernhaus unter der enormen Last zusammenstürzen könnten. So ließ man den Apollo im Hinterhof eines Farmeranwesens verschwinden. Mysteriöse Umstände ließen ihn jedoch für immer verschollen bleiben.

Um die Eröffnung des neuen Wahrzeichens von Manaus gebührend zu feiern, erleichterte man die Stadtkasse um ganze 10,3 Millionen Dollar. Zu diesem denkwürdigen 31. Dezember 1896 hatten zahlreiche europäische Regierungen ihre Sonderbotschafter und politischen Würdenträger zusammen mit ihren juwelenbeladenen Gattinen in den Amazonasdschungel entsandt. Für die wohlhabenden Bürger von Manaus gehörte dieser Tag jedoch keineswegs zu den Ausnahmen, denn sie waren es gewohnt, daß man ihnen aus der ganzen Welt nur das Beste direkt vor die Haustüre lieferte. Musikfreunde zum Beispiel ließen ihre Klaviere aus Großbritannien oder Deutschland herbeischaffen, und Georg Friedrich Händels Klaviersonaten und

Straußsche Walzer mischten sich in das Geschrei der Guariba-Affen und das Summen der Moskitos. Vier der prominentesten Pariser Herrenausstatter unterhielten ständige Vertretungen in Manaus. Da etliche Überseedampfer monatlich zwischen Le Havre und Belém bzw. Manaus verkehrten, bestellte man seinen Maßanzug, seine Hemden, Schuhe und Unterwäsche in Europa. Es war überhaupt viel einfacher, nach Europa zu reisen, als nach Rio de Janeiro oder São Paulo zu fahren. So verbrachten viele ihre Ferien an den teuersten Plätzen Europas.

Die Überspanntheit allen Reichtums gipfelte jedoch wohl darin, daß man es sich zur Angewohnheit machte, seine Wäsche zum Reinigen nach London zu schicken. In jedem Café sprach man englisch, deutsch, französisch und italienisch; in den bevorzugten Geschäften gab es sogar Käse aus der Schweiz, Butter aus Dänemark, Tee aus Indien und natürlich Bier aus Deutschland. Es verwundert wohl kaum mehr, daß selbst französische Schulen in den Magazinen und Tageszeitungen von Amazonas regelmäßig inserierten und für eine gute Erziehung in einem ihrer Internate warben. Noch weniger verwundert es, daß dieser Reichtum der Neuen Welt ganze Scharen von Prostituierten und Damen mit lockeren Sitten anzog. Die sonnengebräunten Gummibarone verschmähten in ihrer Sucht nach Exklusivität selbst die Gunst brasilianischer Schönheiten, es mußte viel eher eine kapriziöse Dame französischer Herkunft sein. In London etablierten sich sogar Institute, die für ein Vermögen Blondinen nach Brasilien importierten.

Ehe wir das Kapitel über den Kautschuk abschließen, bleibt ein höchst bedeutsames, abenteuerliches Ereignis zu schildern, das 1911 in den Kautschuk-Hochburgen Manaus und Belém eine jähe Ernüchterung verursachte und wie eine lawinenartige Katastrophe über Amazonien hereinbrach. Die Ursache dafür führt uns noch einmal 30 Jahre in der Geschichte zurück.

Der spektakuläre Diebstahl eines Sir Henry Wickham

Schon die Jahrhundertwende stand im Zeichen einer immer bedrohlicher werdenden Nachfrage nach Gummi. Die dauernde Sorge um die Verknappung des Rohstoffes trieb die Preise zu ungeahnter Höhe, und fast hatte es den Anschein, als sei Kautschuk dazu bestimmt, den Goldpreis bei weitem zu überflügeln.

Da infolge leichtsinniger Zapfmethoden die Kautschukbäume mit erschreckender Geschwindigkeit verschwanden und für die Nachzucht keinerlei Sorge getragen wurde, beschäftigten sich in London bereits zu Beginn der 70er Jahre des 19. Jahrhunderts Politiker und Botaniker mit der Frage, wie man das brasilianische Monopol, das die Welt immer teurer bezahlen mußte, brechen könne. Eines war sicher, die klimatischen Anforderungen der Hevea brasiliensis waren hohe Temperaturen und viel Feuchtigkeit. Die gleichen Bedingungen besaß das britische Imperium in seinen eigenen asiatischen Kolonien. Man dachte in diesem Zusammenhang daran, Kautschuk nicht mehr von wildwachsenden Bäumen, sondern in Plantagen zu zapfen. Bereits 1838 und 1855 wiesen Dr. Royle aus Assam und Thomas Hancock auf die Möglichkeit hin, den Kautschuk in ostindischen Kolonien anzubauen. Aber da zu damaliger Zeit eine Verknappung des Rohstoffs noch nicht zu befürchten war,

wurde der Plan zunächst wieder verworfen. Wenige Jahre später stellte man jedoch mit dem einheimischen kautschukliefernden *ficus elastica* im westlichen Teil der Insel Java Versuche an, die allerdings erkennen ließen, daß man diesen Kautschukbaum erstmals im 25. Lebensjahr und dann auch nur alle drei Jahre anzapfen könne. Zahllose Versuche mit anderen Pflanzen folgten, ohne das man aus dem Saft ein dem brasilianischen Produkt gleichwertiges Ergebnis erzielte. Neue Überlegungen führten dazu, daß nur durch eine Verpflanzung der Hevea brasiliensis in ein gleichartiges Klima der asiatischen Kolonien die brasilianische Vormachtstellung gebrochen werden könne. Durch

Beispiele anderer Art bestärkte man sich in dieser Entscheidung.

So übermittelte man über den englischen Generalkonsul in Rio de Janeiro der brasilianischen Regierung ein Schreiben, in dem man um eine Ausfuhrerlaubnis von Kautschuksamen zum Zwecke der Anpflanzung in botanischen Gärten Londons nachsuchte. Natürlich lehnte die kaiserlich brasilianische Regierung ab. Daraufhin beschloß man in London, über einen Mittelsmann diese Samen aus einem der dünn besiedelten, aber zugänglichen Urwaldgebiete nach Europa zu schmuggeln.

An geeigneten Männern hatte es den Engländern nie gefehlt; so hatte man auch dieses Mal den idealen Mann zur Hand. Am 20. April 1876 beauftragte man den englischen Pflanzer Henry Wickham, der viele Jahre in British-Honduras war und seit geraumer Zeit eine kleine Farm in der Nähe von Santarém am Amazonas besaß, in unbegrenzter Menge Samenkapseln der Hevea brasiliensis zu sammeln und nach England zu verschiffen.

Itaituba, 200 Kilometer stromaufwärts von Santarém am rechten Ufer des mächtigen Rio Tapajós gelegen, eine Siedlung von wenigen hundert Einwohnern, die sich durch nichts von tausenden anderen elenden Urwaldnestern im Einzugsgebiet des Amazonas unterschied, hatte man für den Schauplatz eines Ereignisses gewählt, das für Brasilien von vernichtender Auswirkung werden sollte.

Hier hielt man Wickham für einen alten kauzigen Eigenbrötler. Es war somit der ideale Ort, um diesen spektakulären Diebstahl mit aller Sorgfalt vorzubereiten. Am 21. Mai 1876 nahm der englische Dampfer „Amazonas" nur wenige Kilometer stromaufwärts von Itaituba in einer Nacht- und Nebelaktion 70 000 Kautschuksamen an Bord, die Henry Wickham während der letzten vier Wochen zusammen mit einigen Indianern in den Wäldern zwischen dem Rio Madeira und Rio Tapajós gesammelt hatte. Die vielleicht folgenschwerste Schmuggelware in der Geschichte Brasiliens, wohlverpackt in Bananenblättern im untersten Stock des Laderaums am Achterdeck, blieb während der zollbehördlichen Untersuchung im Hafen von Pará tatsächlich unentdeckt. Am 21. Juni 1876, exakt vier Wochen nach Aufnahme der gefährlichen Fracht im Innersten Brasiliens, ging die „Amazonas" auf der Themse vor den Toren Londons vor Anker. Von den 70 000 Samen zeigten 2800 nach zwölf Tagen die ersten grünen Spitzen. 2000 von ihnen gelangten im feucht-warmen Humus einer Tropenkammer eines Überseedampfers nach Südostasien; nach Ceylon, Calcutta, Singapur, Java und an die Westküste Malakkas. 1889, 13 Jahre nach dem Diebstahl Wickhams, für den er vom britischen Königshaus geadelt wurde, nahm die Wirtschaft erstmals 550 Kilogramm asiatischen Kautschuks auf. 1908 waren es schon 1800 Tonnen; gegenüber einer brasilianischen Produktion von 65 000 Tonnen. Durch die rationelle Bewirtschaftung der Gummiplantagen und den billigen fernöstlichen Arbeitskräften war das Gummi gegenüber dem mühsam dem Dschungel abgetrotzten Amazonas-Gummi weitaus kostengünstiger. Die dreifache Menge im gleichen Zeitraum konnte der malaische Zapfer im Gegensatz zu seinem brasilianischen Kollegen ernten.

Noch machten sich die Brasilianer nicht die geringsten Sorgen; war das Amazonasgebiet doch voller Gummibäume. Man hatte allen Anlaß, sich in Sicherheit zu wiegen; selbst Kultivierungsversuche im benachbarten Staate Pará hatten enttäuschende Ergebnisse zutage gebracht. Bereits 1883 legte man in der Nähe von Santarém Pflanzungen von mehreren tausend Bäumen an, die schon bald von einem Pilz befallen wurden, der eine Blattkrankheit hervorrief. Dieser und anderen Seuchen fielen die gesamten Kulturen am Rio Tapajós zum Opfer. Wenn sich die begehrte Hevea brasiliensis schon nicht einmal im eigenen Lande kultivieren

ließ, wie würde sie sich da erst in den asiatischen Kolonien verhalten.

Geschickte Zahlenkünstler hatten darüber hinaus errechnet, daß sich das Einzugsgebiet des Amazonas im ungefähren Besitz von 300 Millionen Kautschukbäumen befände. Diese Menge reichte allerdings aus, um den gesamten Weltverbrauch auf Jahre hin zu befriedigen. Man hatte jedoch außer acht gelassen, daß sich mindestens die Hälfte all dieser Bäume in so unzugänglichen Gebieten befand, daß man sie getrost aus der Statistik streichen konnte.

Wer nicht am Gummi verdiente, der machte einträgliche Geschäfte mit Lebensmitteln und den alltäglichsten Gebrauchsgegenständen. In den guten Jahren der Kautschukproduktion hatte man unter anderem die Nahrungsmittelproduktion in Amazonien zu Gunsten der Gummigewinnung vollkommen vernachlässigt. Solche Zustände waren geradezu bezeichnend für die Wirtschaft Brasiliens. Ein Land, das im Überfluß an Holz zu ersticken drohte, ließ das Kistenholz zur Verpackung des Kautschuk-Rohproduktes aus Nordamerika einführen; die Schwellen zum Bau der Madeira-Mamoré-Eisenbahn hatte man vor Jahren schon aus Australien kommen lassen. Diese Umstände zusammen mit den ohnehin hohen Transportkosten ließen den Kautschukpreis in nahezu astronomische Höhen schnellen, so daß man im Jahre 1910 über 3000 Mark für 100 Kilogramm Rohkautschuk bezahlen mußte. Aber gerade diese explosive Preisentwicklung ermöglichte und rechtfertigte auf den Plantagen Asiens die enormen Investitionen in langjährige wissenschaftliche Untersuchungen. Schon vor Jahren hatte es die Kolonialregierung erreicht, die gefahrvollen Krankheiten auf den asiatischen Plantagen erfolgreich auszurotten.

Im Jahre 1911 verkaufte Amazonien noch 44 296 Tonnen Kautschuk an die Verbraucherländer. 1914 lieferten die Brasilianer nur noch 37 000 Tonnen. Im gleichen Jahr produzierte Asien bereits 71 000 Tonnen Gummi. Hatten schon die Vorkriegsjahre den asiatischen Plantagen einen gewaltigen Aufschwung bereitet, so nahm die Produktionssteigerung während des Ersten Weltkrieges Ausmaße an, wie sie noch bei keinem anderen Naturprodukt beobachtet worden waren.
Die überaus günstige Marktlage ermunterte die Kolonialherren zu weiteren ausgedehnten Neuanlagen von Plantagen; während vier Jahren vergrößerte sich die unter Kautschukkultur befindliche Fläche von 800 000 auf nahezu 1 500 000 Hektar. Während der Jahre des Ersten Weltkrieges hatte

Asien 256 000 Tonnen Kautschuk auf den Markt geworfen. So konnte dem gewaltigen Ansturm der Automobilindustrie der Weltkriegsjahre standgehalten werden. Der Kautschukpreis war innerhalb weniger Jahre auf 400 Mark je 100 Kilogramm gesunken. Nun nahm die Beunruhigung im brasilianischen Produktionsraum bald ernstere Formen an. Die Bestürzung war so groß, daß das Amazonasgebiet nur noch 31 000 Tonnen produzierte, während der fernöstliche Kautschuk mit Preisen auf den Weltmarkt kam, bei denen Brasilien endgültig kapitulieren mußte; gegen diese Konkurrenz war nicht mehr anzukommen. Der Wildkautschuk sank zur Bedeutungslosigkeit ab.

Über Nacht brach der jähe Verfall über die Amazonasstädte herein. Unter den heftigsten Erschütterungen vollzog sich die Ernüchterung und der Wandel vom unermeßlichen Reichtum und Überfluß zur totalen Zerstörung allen wirtschaftlichen Lebens. Die Kautschukhochburgen Manaus und Belém verzeichneten Konkurse in einer Gesamthöhe von mehreren Milliarden Dollar. In einer einzigen Nacht nahmen sich 32 „Gummibarone" das Leben, die meisten anderen weißen Händler setzten sich nach Übersee ab. Manaus und Belém glichen einem sinkenden Schiff. Die weiten Wälder wurden wieder menschenleer, Dörfer und Siedlungen verfielen in Schutt und Trümmer; der wuchernde Dschungel nahm sich ihrer an. Villen und Herrenhäuser gingen in Flammen auf, Fenster und Türen der zahllosen Bars, Cafés und Geschäfte wurden zugenagelt.

Es dauerte nur wenige Jahre, ehe Manaus, einst mondänes Zentrum in der grünen Hölle am Amazonas, wieder einem entlegenen Urwaldnest glich. Schon bald wucherten schenkeldicke Lianen, wie die Arme eines schwarzen Riesenkraken, durch die zerbrochenen, farbigen Glasfenster einst imposanter Villen und sprengten mit der schweigenden Gewalt der Tropen die Gemäuer. Aus brüchigen Fundamenten wuchsen Bäume und ragten mit ihren Wipfeln durch längst eingestürzte Dächer. Straßen, Gassen und Wohnhäuser, in denen zur Jahrhundertwende mehr rauschende Parties als irgendwo sonst in der Welt gefeiert wurden und sich die Schickeria Europas ein Stelldichein gab, holte sich der unaufhaltsam wuchernde Urwald mit seiner unbändigen Kraft zurück. Beispiellose Veränderungen, unter denen das Vordringen der Indianer bemerkenswert erscheint, bereiteten sich vor.

Aber Brasilien war nicht bereit, endgültig aufzugeben, noch nicht; es sollte noch einmal eine Chance erhalten.

Im Jahre 1927 erwarb der Autokönig Henry Ford für 25 Millionen Dollar ein Landgebiet am rechten Ufer des Rio Tapajós im Umfang von 1 200 000 Hektar. Brasilien sah sich schon wieder an der Spitze der Weltgummierzeuger. 10 Millionen Heveabäume standen bereits nach wenigen Jahren unter Kultur. Eine seltsame Blattkrankheit erforderte indes immer öfter Investitionen in Millionenhöhe. Doch die Erträge der teuersten Kautschukpflanzung der Welt, in der es von gefräßigen Insekten und Parasiten nur so wimmelte, blieben weit hinter den Erwartungen zurück.

Fords Manager und Söhne kritisierten schon seit Jahren das mit soviel Starrsinn verfolgte „Hobby" und veranlaßten schließlich, daß der mittlerweile 82jährige Henry Ford seinen Lebenstraum, der im Laufe der letzten 19 Jahre 34 Millionen Dollar verschlungen hatte, an Brasilien wieder verkaufte — für nicht einmal 250 000 Dollar.

Damit versiegten endgültig alle Spekulationen um brasilianischen Plantagenkautschuk, der Amazonien einst mit unermeßlichem Reichtum überschüttet hatte, um dessen Willen aber auch weit über 100 000 Seringueiros dem Fieber und der Hoffnungslosigkeit zum Opfer gefallen sind.

Transamazônica – ein Jahrhundertbauwerk

„Riesige und bislang unzugängliche Gebiete wurden durch ungestüm vorangetriebene Verkehrswege erschlossen, die, im Licht der Geschichte betrachtet, die Speerspitze oder vorderste Front einer brasilianischen Gesellschaft darstellen, deren vorrangiges Ziel darin besteht, von dem unermeßlich großen Land effektiv Besitz zu ergreifen.“
Orlando und Cláudio Villas-Bôas

Schon seit langem hatte sich der Wunsch abgezeichnet, mit dem Bau einer transamazonischen Straße einen entscheidenden Grundstein für ein leistungsfähiges Straßennetz zu erstellen, um so ganz Amazonien eines Tages auf vorteilhafte Weise in den großen Welthandel einschalten zu können.

Die Hoffnungen Brasiliens beruhen auf dem Lebenshauch der unendlichen Urwälder Amazoniens; Traumvisionen von unberührten Ländern, unermeßlichen Bodenschätzen und unbegrenzten Vorräten an Energie und Bodenschätzen, wie sie die Menschheit noch nie zuvor gesehen hat.

Transamazônica hieß das Schlüsselwort zu Anfang der 70er Jahre. Der Bau der längsten Lehmpiste der Welt; angesichts der riesigen, geländebedingten Probleme ein wahres modernes Weltwunder. Die transamazonische Straße sollte der Hauptstrang eines insgesamt 12 000 Kilometer langen Verkehrsnetzes werden, welches das Amazonas-Tiefland erschließt. Mit unerschütterlichem Selbstvertrauen blies die Regierung 1971 auf allen verfügbaren Propagandatrompeten zum Angriff gegen den grünen Feind. Die Gesamtlänge der projektierten Strecke sollte knapp 6000 km betragen, was einer Entfernung Paris–Karachi (Pakistan) entspricht. Eine wahrlich eindrucksvolle Entfernung, wenn man darüber hinaus bedenkt, daß an eine Asphaltierung dieser Lehmpiste nicht vor Ende unseres Jahrhunderts zu denken ist!

Die Völkerkundler sahen schon den Untergang der in diesem Gebiet, das der Größe Europas entspricht, lebenden Indianerstämme voraus. Wie einst im Wilden Westen Amerikas werden den Armeen von Straßenbauern und Bulldozern sowie den nachfolgenden Siedlern die Naturvölker, oft noch vollkommen unbekannte Indianerstämme, weichen müssen!

Seite 73   An der Front arbeiten stets die Baumfäller und Landvermesser.

72

Nordestinos, Arbeiter aus dem brasilianischen Nordosten, kamen in Scharen, mit allem, was sie besaßen. Der Bau der Transamazônica versprach ihnen ein gutbezahltes Abenteuer. Abenteuerlust war es jedoch nicht alleine, was die mehr oder weniger verzweifelten Menschen zu Tausenden in den Urwald trieb. Viele hatten angesichts der Unfruchtbarkeit und der vorherrschenden Dürre in ihrer Heimat kaum eine andere Wahl, als diesen Aufruf der Regierung wahrzunehmen. Hier erwartete sie nun Schlamm und Regen im Überfluß, ein anderes Naturextrem, von dem sie sich keine Vorstellung machen konnten. Der Straßenbau sollte vor allem einem besonderen Ziel dienen. Die Arbeitslosigkeit im Nordosten, der durch die Transamazônica direkt mit dem Amazonasgebiet verbunden werden wird, sollte verringert werden, da die für den Straßenbau notwendigen Arbeitskräfte fast ausschließlich aus dem Überschußreservoir des Nordostens angeworben werden sollten. Gleichzeitig war ein Kolonisationsprogramm geplant, das auf beiden Seiten der Piste die Ansiedlung der am Straßenbau beteiligten Arbeiter sowie anderer Familien vorsah.

Die Baubehörden schickten die bislang im Straßenbau noch unerfahrenen Landarbeiter bewaffnet mit 1000-PS-Caterpillar-Planierraupen in die Schlacht. Mit ihren Karabinern, ihrer 38er Special im Gürtel und ihren Strohhüten sahen sie aus wie Männer auf dem Kriegspfad. In zahlreichen Urwaldsiedlungen, ehemaligen Kautschukdepots, die bislang nur per Dampfer zu erreichen waren, entstanden monströse Baucamps mit umfangreichen hochtechnisierten Maschinenparks.

Die Transamazônica wurde als eine sich im Unendlichen verlierende Schneise aus roter, dampfender Erde von verschiedenen Camps aus zwischen den Mauern aus Bäumen vorangetrieben. Die Piste wurde in zwei Arbeitsgängen gebaut. An der Front bearbeiteten die Baumfäller die Urwaldriesen zunächst mit ihren mit 1,5 Meter langen Schneideblättern versehenen Stihl-Motorsägen. Im Abstand von sieben bis acht Stunden folgte ihnen eine Armee von Planierraupen, Bulldozern und Raupenschleppern. Tag und Nacht trieben sie Kilometer um Kilometer die Piste durch den als bisher undurchdringlich angesehenen Urwald, und bahnten damit den Weg zu einem der größten Abenteuer des Menschen im 20. Jahrhundert! Bald schon sollte der Mensch am Amazonas nicht mehr der ewig Besiegbare sein.

Die dringende Neugier des Menschen, die ihn in diese Urlandschaften voller Überraschungen treibt, beruht im Grunde genommen auf den gleichen Motiven, denen die Menschheit die ersten Schritte auf dem Mond verdankt.

Aber die amazonische Wirklichkeit sollte den Straßenbauern schwer zu schaffen machen. Etliche Millionen Bäume mußten fallen, Hunderte von Brücken mußten gebaut werden, einige Milliarden Kubikmeter schlammiger Erde mußten bewegt werden, um die Piste in den zahlreichen Tälern auf 20 bis 50 Meter Höhe anzuschütten.

Die Welt staunte, Hunderte von kritischen Stimmen der letzten Jahre waren zunächst verstummt. Die BR 230, die „Straße des Jahrhunderts" war zum Muster-Mammutprojekt der staatlichen brasilianischen Straßenbaubehörde D.N.E.R. (Departamento Nacional de Estradas de Rodagem) geworden.

Zusammen mit der Nord-Südachse zwischen Santarém an der Mündung des Rio Tapajós in den Amazonas und Cuiabá im Bundesstaat Mato Grosso, der BR 163, und der BR 174 / BR 319 zwischen Porto Velho am Rio Madeira, Humaitá an der Transamazônica, Manaus, Boa Vista und Santa Helena an der venezolanischen Grenze (eine Verlängerung der Piste über venezolanisches Staatsgebiet nach Caracas an der Karibischen See existiert bereits), bildet die Transamazônica inzwischen zwei große Urwald-Straßenkreuze. Ein weiteres Großprojekt von ähnlich gigantischem Ausmaß, nördlich des Amazonas, wurde bereits von einem brasilianischen Pionier- und Baubataillon des Heeres in Angriff genommen und soll bis zum Ende der 80er Jahre fertiggestellt sein. Die zukünftige BR 210 / BR 307 mit dem eindrucksvollen Namen „Perimetral Norte" wird von Macapá aus, am nördlichen Ufer des Amazonas-Mündungsdeltas gelegen, südlich der beiden Guayanas und Surinam in Richtung Westen nach Caracarai am Rio Branco im nördlichsten brasilianischen Bundesstaat Roraima und weiter über Ataláia do Norte, an der Grenze zu Peru nahe Benjamin Constant, Leticia und Tabatinga, nach Cruzeiro do Sul im Bundesstaat Acre führen. Sollte Peru im Laufe der nächsten Jahre einen Straßenanschluß in Form einer Verbindung von Lima über die Anden mit Bra-

Seite 76 „Alles ist Teil einer ungeheueren Befruchtung, einer ungeheueren Verdauung, einer ungeheueren Ausscheidung" (Cláudio Villas Bôas).

Seite 77 Schälchen zum Auffangen des Latex werden unter dem Einschnitt des Kautschukbaumes angebracht.

silien fertigstellen, so wird man bald vom Pazifik aus die Kordillieren in 2000 bis 3000 Meter Höhe übersteigen und durch Amazonien den Atlantik per Auto erreichen können. Zeitungen und Magazine warfen indes öffentlich die Frage auf, ob sich der 20-Milliarden-DM-Bauaufwand sowie die jährlichen Instandhaltungskosten von nahezu 30 Millionen DM überhaupt lohnen, berücksichtigt man die Existenz der fast gleich schnellen Transportmöglichkeit per Hochseefrachtern auf dem parallel fließenden Amazonas. Ungeachtet dessen schwärmte die Propagandamaschinerie der Regierung des tatkräftigen General Médici weiterhin über ihr 20-Milliarden-Projekt: Astronauten können die Fernstraße, schnurgerade wie ein Axthieb, noch aus 300 Kilometer Höhe mit dem bloßen Auge erkennen.

LKW-Fahrer, die ihren Lebensunterhalt damit verdienen, wochen- oder gar monatelang auf dieser endlosen Schlamm-Piste ihre LKW's zu lenken, halten diesen Wahlspruch für einen nicht gerade gelungenen Werbeslogan. Der Lastwagenfahrer in Amazonien ist noch ein echter Pionier: er weiß zwar, wann er aufbricht, aber er weiß nicht, wann er ankommen wird. An einem der vielen Abende auf der Transamazônica erklärten sie mir, mit entsprechend ironischem Unterton, daß auch sie sich die Piste manchmal lieber aus einer solch sicheren

Entfernung ansehen würden, als stets darauf vorbereitet sein zu müssen, die schwierigsten Reparaturen unter unmöglichsten Witterungsbedingungen auszuführen, Straßen und Brücken zu improvisieren oder unter Umständen mehrere Tage mitten im Dschungel steckenzubleiben, ehe ein anderer vorbeikommt und das erforderliche Ersatzteil in Belém oder Manaus anfordert. Unter diesen hartgesottenen Abenteurern, die sich allesamt für gutes Geld und erlebbares Abenteuer auf die von Schlaglöchern und Wasserrinnen zerfressene Piste wagen, ist die schmale Lehmspur als ,,Transamargua" bekannt, die Straße der Tränen, der endlosen Länge, der wochenlangen Strapazen, der kilometerlangen Bodenrippen, die selbst die besten Autos in ihre Einzelteile zerlegen, der Naturschönheiten, der Garimpeiros (Goldgräber), der Prostitution und des Siedlerelendes.

Nach wie vor bedenklich ist das Schicksal der letzten Indianerstämme, die den Kautschukboom der Jahrhundertwende, der schätzungsweise 35 000 Indianern den Tod brachte, überlebt haben. Mit dem Baubeginn der Transamazônica gerieten viele der verbliebenen Indianerstämme abermals nach und nach in eine aussichtslose Lage. Damals wie heute noch wird ihre ureigene Lebensweise, ihre Materialkultur, zerstört, wird ihnen eine ,,weiße

Zivilisation" aufgezwungen, der sie sich noch nie anpassen konnten, werden sie von Krankheiten, Alkoholismus, Verzweiflung und Tod bedroht.

Lucien Bodard beschreibt in seinem Buch „Le Massacre des Indiens" ein Blutbad, wie es in Amazonien an der Tagesordnung war und selbst heute noch vorkommen kann. So rottete in den frühen 60er Jahren eine Bande unter Führung eines Banditen namens Chico Luis mit Maschinengewehren den Indianerstamm der Cintos Largas am Rio Aripuana, einem Nebenfluß des Rio Madeira im brasilianischen Bundesstaat Amazonas, aus. Von leichten Flugzeugen aus wurden zahlreiche Indianersiedlungen bombardiert. Jahre später versuchte man Nachbarschaftskriege zwischen den Stämmen entlang der Transamazônica zu schüren. Man hatte an den eingeborenen Naturvölkern Massenmorde begangen, dazu Folterungen, Vergewaltigungen und jede Art von Greueltaten. Man scheute auch durchaus nicht davor zurück, unter ihnen infizierte Kleidung und vergiftete Nahrungsmittel so lange zu verteilen, wie sie noch zahlenmäßig in der Lage waren, sich gegen die Eindringlinge zu behaupten.

Aber auch die Garimpeiros und die zahllosen Glücksritter haben ihren Anteil an diesem Indianerelend. Viele kaufen sich im abgelegenen Santarém, das durch eine 217 km lange Lehmpiste mit der Transamazônica verbunden ist, zu ihrer Verteidigung gegen die Indianer Gewehre von einem sogenannten Priester, der als „Bischof von Amazonas" in den einschlägigen Bars der Barackensiedlungen entlang der Amazonas-Pisten bekannt ist. Die Skelette ermordeter Indianer sollen sogar schon LKW-Fahrern und Holzfällern am Straßenrand zum Kauf angeboten worden sein; ein eindrucksvolles Souvenir für die eigene Braut zu Hause.

Das letztere mag jedoch eine der zahllosen Schwindelgeschichten sein, die man sich hier am Amazonas mit besonderer Vorliebe erzählt.

Beispiele solcher oder ähnlicher Tragödien, von denen nahezu alle der noch verbleibenden Naturvölker unserer Erde bedroht werden, sind den meisten von uns geläufig: Die Buschmänner in der Ka-

Seiten 80/81   Noch wächst im gigantischen amazonischen Urwald einer von vier Bäumen unserer Erde. Wie lange hat diese Tatsache wohl noch Gültigkeit, wenn weiterhin mit zunehmender Intensität solche Großflächenrodungen vorgenommen werden?

lahari-Wüste Botswanas, die Aboriginals im Outback Australiens oder die letzten indianischen Stammesverbände in Kanada und den Vereinigten Staaten.

Als erstmals Weiße in jenes Gebiet kamen, das heute Brasilien heißt, gab es dort schätzungsweise drei Millionen isoliert lebende Indianer, heute sind es nicht einmal mehr 80 000. Der scheinbar harmloseste, aber weitaus wichtigste Grund für ihren Niedergang, das gilt ebenso ausnahmslos für alle noch verbliebenen Naturvölker unserer Erde, sind die verschleppten Krankheiten, aber auch falsch verstandener missionarischer Übereifer. Obwohl sie einen unerbittlichen Kampf gegen die Urgewalten des Amazonas-Tieflandes gewohnt sind, sterben sie zu Tausenden an den Krankheiten der Weißen, sei es Husten oder Schnupfen. Am Rio Xingu, südlich von Altamira an der Transamazônica, gibt es heute ein Indianerreservat, das unter der Obhut der staatlichen Indianerschutzorganisation F.U. N.A.I. (Fundacáo Nacional do Indio) steht. Auf einem Areal von 22 500 qkm leben hier Indianer von 15 verschiedenen Stämmen eng beieinander. Sie werden entlang der Transamazônica „eingesammelt" und per Lastwagen oder Kleinflugzeug herbeigeschafft. Als zu Beginn der 70er Jahre Brasilien auf das Geheiß von General Médici die straßenbauliche Erschließung Amazoniens in Angriff nahm, sollte die personell total unterbesetzte Indianerschutzbehörde sozusagen als Vorläufer die Indianer gegen den unkontrollierten Kontakt mit der zivilisierten Welt bewahren. Die wenigen Mitarbeiter der FUNAI waren aufgrund der plötzlichen Mobilmachung der Straßenbaubehörden mit dieser verantwortungsvollen Aufgabe so vollkommen überfordert, daß an einige Indianerstämme nahe der Pionierfronten Waffen ausgeteilt wurden, damit sie sich eigenständig gegen die möglichen Übergriffe von Straßenbauarbeitern, Gummisuchern und Garimpeiros zur Wehr setzen konnten. Mittlerweile ist man der Situation Herr geworden. Aber die Hoffnung Brasiliens, ja der ganzen Welt, ruhen auf Amazonien, beruhen auf dem Lebenshauch der unendlichen Urwälder, auf Traumvisionen von unberührten Gegenden, unermeßlichen Bodenschätzen und unbegrenzten Vorräten an Energie und Mineralien, wie sie die Menschheit noch nie zuvor gesehen haben soll. Bei diesen Zukunftsaussichten, auch wenn es noch Jahrzehnte dauern wird, werden die Indianer gezwungenermaßen die Unterlegenen bleiben müssen. Auch wenn sie sich eines Tages eine wirtschaftliche Grundlage und eine geachtete Stellung in der Zivilisation schaffen können, so geht doch ihre wahre Identität verloren. Allenfalls werden neugierige

Touristen in Freilichtmuseen ihrer erinnert werden. Genau in diese Richtung zielt die derzeitige Entwicklung. Das materielle Überleben der Indianer ist zwar weitgehend gesichert, aber ihre Sitten, die für viele lebensnotwendigen Traditionen und Bräuche verflachen, gehen mitunter ganz verloren. Apathie breitet sich aus. Ihre ureigenste Kultur gerät in Vergessenheit, vor allem aber ihr kostbares Wissen um die Eigenarten der Pflanzen und Tiere, noch ehe Wissenschaftler und Siedler daraus lernen können. Unser Intellekt ist kein Ersatz für sicheren Instinkt und Naturverbundenheit.

Die zahlreichen Kritiker aus Regierungskreisen und aus der Öffentlichkeit, die sich Ende der 60er Jahre gegen dieses gigantische Bauprojekt ausgesprochen hatten, sollten zumindest mit einem Argument Recht behalten. Sie gaben damals ernsthaft zu bedenken, daß mit der bloßen Schaffung einer schlammig-roten Schneise durch den Amazonas-Dschungel noch keine Siedlungsmöglichkeiten geschaffen seien. Man hatte eindringlich daran erinnert, daß die gut ausgebaute Straße von Manaus zur 286 Kilometer weiter westlich gelegenen Stadt Itacoatiara täglich von nur etwa sieben Fahrzeugen befahren wird. Obwohl die Gegend rechts und links der Autostraße eine hervorragende Bodenqualität aufweise, gebe es in ihrer gesamten Ausdehnung nur eine einzige landwirtschaftlich orientierte Ansiedlung. Daß durch den Bau der Transamazônica bisher verschlossene Amazonasgebiete, in denen man unermeßliche Mengen an Bodenschätzen vermutet, erstmals einer ausführlichen Erforschung und systematischen wirtschaftlichen Ausbeutung zugängig gemacht würden, war zweifellos ein starkes Gegenargument, aufgrund dessen sich letztendlich auch die fortschrittsbesessenen Verantwortlichen zum Bau entschlossen. Wenn auch die Baukolonien und Kettenfahrzeuge weder an den Bollwerken des verfilzten Urwaldes scheiterten, noch hilflos im Schlamm versanken, so läßt sich doch das Problem, rechts und links der Piste jährlich 250 000 brasilianische Familien anzusiedeln, wie es die Berechnungen der F.A.O. (Food and Agricultural Organization) verlangen, kaum bewältigen.

Zwischen João Pessoa und Estreito führt die Transamazônica, die auf diesem Streckenabschnitt zum größten Teil bereits geteert ist, durch

Seite 84   Die Transamazônica ist der Hauptstrang eines insgesamt 12 000 km langen Verkehrsnetzes, welches das Amazonastiefland erschließt.

83

durchweg von jeher mehr oder weniger besiedeltes Land. Abgesehen von ein paar hundert Metern Teerpiste in Altamira, ist die gesamte Transamazônica zwischen Estreito (Porto Franco) und Benjamin Constant, immerhin noch fast 4000 Kilometer, gänzlich unbefestigt. Bislang werden jedoch nur die ersten 1247 Kilometer zwischen Estreito und Itaituba regelmäßig befahren; streckenweise sieht man selbst hier nicht einmal 5 Fahrzeuge täglich. Entlang dieser Strecke haben sich Straßenbauarbeiter und Neusiedler mit bescheidenen landwirtschaftlichen Betrieben als Selbstversorger niedergelassen.

Mit der Ernennung des General Emilio Garrastazu Médici am 22. Oktober 1969 zum neuen Präsidenten Brasiliens wurden die bis dahin auf dem Gebiet der Agrarreformen wirkenden Institutionen aufgelöst, um eine funktionellere Agrarreform garantieren zu können, und in einer neuen „Institutio Nacional de Colonizacáo e Reforma Agrária" I.N. C.R.A. zusammengefaßt. Das INCRA hatte man mit der Verbesserung der Agrarstruktur Amazoniens beauftragt. Das schloß vor allem auch die Siedlungsproblematik zusammen mit der Weiterentwicklung des Genossenschaftswesen mit ein. Die Kolonisierungsmaßnahmen waren zunächst besser durchdacht, als sie heute vielerorts entlang

der Transamazônica den Anschein geben, denn mittlerweile hat es sich unter den angeworbenen Siedlern herumgesprochen, daß der Urwald nicht daran denkt, das zu halten, was die Werbeschriften der Regierung versprechen!

So hatten Alberto und ich mehrfach Gelegenheit mit INCRA-Beamten als auch Fazendeiros, den angesiedelten Kleinbauern, über die aktuellen Kolonialisierungsprobleme zu sprechen. Wer die bürokratischen Hürden genommen hat, der bekommt einen etwa 50 Hektar großen Waldstreifen beiderseitig der Straße zugewiesen. Als Starthilfe erhält jede Siedlerfamilie ein standardisiertes zwei Zimmer großes Siedlerhaus mit überdachter Veranda sowie eine angemessene Kapitalhilfe für die ersten zwei bis drei Jahre. Mit einer jährlich wechselnden Pflanzenfolge soll das Land bebaut werden. Aber genau dies ist der erste, alles entscheidende Trugschluß. Nur zu oft haben wir den Kontakt mit Fazendeiros während unserer drei Reisen auf der Transamazônica gesucht und haben uns über ihre „rocas", ihre Felder, führen lassen. So auch einmal in der Nähe von Rurópolis, wo wir einem Fazendeiro hinterherstolpern, dessen Muskeln an Armen und Beinen so sehnig wie die eines Langstreckenläufers sind. Er hat den Urwald erbarmungslos gerodet, um an seine Stelle Maniok, Mais, Bohnen und Tabak anzubauen. In sicherer Entfernung steht der Urwald hier kilometerweit in beißendem Rauch und Flammen. Mein Blick fällt auf gestürzte und zum Teil verkohlte Baumriesen, die kreuz und quer herumliegen. Bei den ersten angekohlten, zersplitterten Bäumen denkt man an Blitzschlag, wie es für die nordpakistanischen Hochgebirgstäler um den Nanga Parbat so typisch ist, denn sie haben jene langen Wunden, jene Risse und eigenartig erstarrten Bewegungen, die überall sonst das Zeichen des Blitzes sind. Alle Baumstümpfe weisen die für die Axt so charakteristischen Schnittflächen auf, kleine schindelförmige Stufen. Die Stämme stürzen zu Boden und ihre herausgerissenen, herausgedrehten Wurzeln bilden unheimliche, bizarre Gestalten. Das einfachste Mittel, um dieser Verwüstung Herr zu werden, ist das Feuer und in einigen Tagen ist die ganze „derrubada" (Kahlschlag) in eine einzige qualmende Feuersbrunst verwandelt, die der Wind immer weiter nährt und vergrößert. Zwischen den hohlen, verkohlten Baumleichen mit ihren schwarzen Augenhöhlen findet man dann plötzlich Trockenreis, Mais oder Maniok, eine kartoffelähnliche, nahezu über die gesamte tropische Welt verbreitete Pflanze. Es ist tatsächlich schwer zu glauben, daß die wenigen hier in dieser nur dünn besiedelten Gegend lebenden Siedler, die beim flüchtigen Hinsehen nie und nirgends zu sehen sind, nur mit der Kraft ihrer eigenen Arme diese unzähligen Urwaldriesen zu Fall gebracht haben. Die Existenz des Menschen erkennt man hier nur an seinen Wüsteneien, denen er seinen kargen Lebensunterhalt abgewinnt. Stürzende Bäume sind einer über den anderen gefallen und haben sich noch gegenseitig zerschlagen, der Boden ist ein einziger saugender Riesenschwamm, in dem die meisten Siedler erst ihren Enthusiasmus, dann ihre Illusionen und schließlich auch ihre Kraft verlieren. Stützt man sich auf einen Stamm, so fällt er oft wurmstichig und verfault, wie er ist, zusammen; greift man nach einem Ast, so hat man ihn auch schon in der Hand. Andere Zweige verflechten sich mit gewundenen Lianen zu einem Netz aus Fußangeln und Fallstricken, in dem man sich rettungslos verfängt. Nirgends etwas Solides und nirgends etwas Waagerechtes, selbst der Boden ist nur Schein. Das, was wie ein Felsen aussieht, auf dem man einen Moment Atem schöpfen zu können hofft, ist eine dunkle Masse vermodernder Baumstümpfe, in der man bis zur Hüfte versinkt, sobald man nur einen Fuß darauf setzt.

Nirgendwo sonst im Amazonasgebiet spürte ich die Urgewalten des tropischen Regenwaldes so deutlich wie gerade an solchen Orten. Es überwältigt das Gefühl der drohenden Kraft, die von dieser gigantischen, ineinander verschlungenen Vegetationsmasse ausgeht.

Die Holzasche dient für einige Jahre als natürlicher Dünger. Wenn der Fazendeiro Glück hat, so reicht es für zwei bis drei Ernten. Spätestens dann muß er erneut roden. Heute wissen die meisten von ihnen, wie beschwerlich es ist, dem scheinbar vor Fruchtbarkeit strotzenden Dschungel, der rechts und links der Piste bedrohlich aufragt, den nötigen Lebensunterhalt abzuringen. Selbst die kümmerlichen Anpflanzungen reichen kaum aus, eine achtköpfige Familie zu ernähren. Die Pflanzungen erscheinen auf den ersten Blick, durch das Wirrwarr von Bäumen und Ästen sowie das Unkraut begünstigt, als ungepflegt und daher als unfruchtbar. Würde der Farmer jedoch auch diese kümmerlichen Überreste des Urwalds noch beiseite räumen, die ihm wenigstens für einige Monate durch ihre Verwesung Dünger versprechen, so würde der Boden noch schneller erodieren und auslaugen, als es die tropischen Regenstürme ohnehin schon verursachen. Botaniker wissen heute, daß die nahezu unbeschreibliche Fruchtbarkeit der Wälder Amazoniens eine Folge des tropisch-feuchten Klimas und nicht der Bodenbeschaffenheit ist. Es klingt in unseren Ohren vielleicht wie ein Paradox, aber die

Nährstoffe, die für das Wachsen der Pflanzen notwendig sind, zirkulieren in der Vegetation selbst; sie befinden sich nicht im Erdreich. Wer also den Urwald abholzt und niederbrennt, wie es gewöhnlich zur Vorbereitung auf den Ackerbau nötig ist, zerstört damit die lebenswichtigen pflanzlichen Substanzen und damit die notwendige Voraussetzung für eine erfolgreiche Bewirtschaftung. Das wenige, was sich der Ackerboden an fruchtbaren Substanzen bewahrt hat, ist mit der ersten Ernte schon zu einem großen Teil verbraucht. Eine zweite oder gar dritte Ernte gelingt oft schon nicht mehr, da die heftigen Regenfälle die restliche Bodenkrume längst weggeschwemmt haben. So fressen sich die Äxte und das Feuer der Siedler immer tiefer in den Urwald hinein: vor sich jungfräuliche Vegetation, hinter sich ausgelaugte Felder. Auf den zurückbleibenden Rodungsflächen, die für jede neuerliche Kultivierung nahezu unbedeutend bleibt, entsteht nicht mehr jene edle Architektur des ursprünglichen Primärurwaldes, sondern eine nachwuchernde Sekundärvegetation, ein Durcheinander schütterer Bäume, die „capoeira".

Im vor 15 000 Jahren dem Amazonasgebiet ähnelnden Europa machte man die Wälder mit der gleichen Methode des Brandrodens urbar. Nur gab es einen Unterschied. Als auch in Europa sich die

Menschen in dauerhaften Siedlungen niederließen und Viehzüchter und Ackerbauern wurden, stellte man fest, daß der gerodete Boden von Natur her eine beachtliche Humusschicht besaß und er die ihm zugeführten Düngemittel konservieren konnte. Im größten Teil Zentralamazoniens ist dies jedoch nicht der Fall. Daß dennoch in Europa weite Landstriche in den speziell ans Mittelmeer angrenzenden Ländern verkarsteten, hat andere, ganz spezifische Ursachen.

So ist es also kein Wunder, daß sich trotz massiver Unterstützung des INCRA bislang kaum mehr als 100 000 arme Bauern aus dem Nordosten und aus den Vororten südbrasilianischer Großstädte hier angesiedelt haben. Diese Entwicklung bleibt weit hinter den Erwartungen der brasilianischen Regierung zurück. Die Zahl von 400 000 Siedlern bis Ende der 70er Jahre, die Thomas Sterling in der letzten Ausgabe von 1978 seines hervorragenden Time & Life Sachbuches „Der Amazonas" noch für wahrscheinlich hält, wird, wenn überhaupt, erst in vielen Jahren erreicht werden.

Fortschritt ja, aber nur sehr langsam, denn die so plötzlich aufgetauchten Probleme können nur schwerlich bewältigt werden. Zum Beispiel die kontinuierliche Versorgung der Siedler mit Saatgut, Dünger, Lebensmitteln und landwirtschaftlichen Maschinen läßt auch heute noch bei den weiter im Innern der Transamazônica liegenden landwirtschaftlichen Siedlergemeinschaften sehr zu wünschen übrig. Darüber hinaus wird den Siedlern durch Bestechung, Fälschung und mancherorts vorherrschender Korruption bei der Parzellenabgabe das Leben allzuoft schwergemacht. Sollte das INCRA seine ihm übertragene Verantwortung für die schutzlosen Siedler und gegen den enormen Expansionsdrang und den Sog der mächtigen Investoren nicht peinlich genau wahrnehmen, so wird es bald auch in Amazonien soziale Spannungen geben, wie sie schon im Nordosten und Süden Brasiliens vorherrschen. Darüber hinaus sehen sich die INCRA-Siedlungsexperten seit einiger Zeit einem scheinbar schier unlösbaren Problem gegenüber, nämlich dem eines bislang nicht existenten eingespielten ärztlichen Versorgungssystems; für ein Waldgebiet von der Größe Europas. Das tropenärztliche Institut Butantan in São Paulo hat in den feucht-heißen Urwäldern Amazoniens, angeregt durch die in geringem Maße zunehmende Besiedelung, wenn man das bei einer derzeitigen Bevölkerungsdichte von nicht einmal 0,5 Einwohner pro qkm überhaupt als eine solche bezeichnen kann, anhand von Untersuchungen an Ortsansässigen weit mehr als 100 bisher unbekannte Viruserreger registriert, bei denen man noch nicht weiß, wie sie wirkungsvoll zu bekämpfen sind. Dieser Situation ist ohne großzügige finanzielle Investitionen so bald nicht Herr zu werden.

So sind auch die Vorschußkredite vieler Siedler längst verbraucht, ehe sie auch nur die Startschwierigkeiten überwunden haben. Jedes Jahr kommt pro Familie ein Kind hinzu; die Kindersterblichkeit ist wegen der ungenügenden ärztlichen Versorgung ausgesprochen hoch. Die nächste Schule ist nicht selten unerreichbar, die nächste Krankenstation unter Umständen mehrere 100 Kilometer entfernt. Jeder Sack Zement, jede Flasche Bier muß durchschnittlich aus über 1000 Kilometer Entfernung herantransportiert werden.

Zahllose Siedler, die im schwierigen Urwaldbodenackerbau unerfahren sind, an der menschenfeindlichen Umgebung gescheitert und noch dazu den dauernden Ängsten vor Indianern und Waldgeistern nicht mehr gewachsen sind, haben ihre Fazendas bereits in Richtung Heimat verlassen. In ihrer Hoffnungslosigkeit haben sie es vorgezogen, in den von immer wiederkehrenden Dürrekatastrophen heimgesuchten Nordosten Brasiliens, der zudem noch unter alarmierenden wirtschaftlichen und sozialen Verhältnissen leidet, zurückzukeh-

ren; eine Entscheidung, die eine kaum bessere Zukunft verspricht, allenfalls eine Verlagerung der Probleme mit sich bringt.

Herausforderung Transamazônica

„Könnte ich Worte finden, um diese flüchtigen Erscheinungen festzuhalten, die jedem Versuch, sie zu beschreiben, spotten, und wäre es mir gegeben, anderen Menschen die Phasen und Glieder eines Ereignisses mitzuteilen, das noch einmalig ist und sich niemals in denselben Formen wiederholen würde, dann, so schien mir, wäre ich mit einem Schlag in das tiefste Geheimnis meines Berufes gedrungen; dann gäbe es kein noch so bizarres oder absonderliches Erlebnis, dessen Sinn und Bedeutung ich nicht eines Tages allen Menschen begreiflich machen könnte."
Claude Lévi-Strauss

Das alles einer Piste zuliebe, die abwechselnd wolkenweise puderfeinen Lehmstaub versprüht oder als achsentiefer roter Schlamm auseinanderfließt, nämlich dann, wenn urplötzlich tiefe dunkle Wolken aufziehen und wahre Wasserfluten vom Himmel stürzen lassen, wie eben nur in den Tropen möglich.

Das wird auch für uns zum alltäglichen Schauspiel; mal mehr, mal weniger. Dann verwandelt sich die Piste in einen knietiefen, saugenden, schmatzenden Brei und an den Steigungen vor Marabá kommen uns wahrlich alpine Sturzbäche entgegen, die die Piste manchmal bis zu zwei Meter tief aufreißen und zweiteilen. Während der darauffolgenden Talfahrt rutschen wir einer im Talboden aufgeschütteten Trasse entgegen, deren rechte Hälfte gut zehn Meter tief abgerutscht, weggeschwemmt ist, während die linke Hälfte bereits einen bedenklichen Neigungswinkel aufweist. Bremsen ist sinnlos, also das Lenkrad krampfhaft festhalten und nichts wie durch. Nur zu oft geht es tatsächlich nur noch mit brutaler Gewalt. Einmal im Schlamm stecken zu bleiben bedeutet unter Umständen eine unfreiwillige Übernachtung auf offener Strecke. Aber einmal soll es uns heute Abend noch erwischen. Dieses Mal sitzen wir tief drin; aber aufgeben, nein, dafür ist unser Durst viel zu groß und Marabá nicht mehr fern. Alberto und ich sind bereits ein gut eingespieltes Team. Ohne viel Worte graben wir uns mit Händen und Füßen wie Maulwürfe bis unter unseren Wagen durch und legen die Achsen wieder frei, bevor wir ihn mit Hilfe des nächsten Baumes und unserer Seilwinde wieder herausziehen. Was für eine phantastische Erfindung, eine solche Seilwinde, die uns noch so manches Mal vor dem totalen Einsumpfen retten soll.

Dieses Gelände spottet selbst jeder Teststrecke für allradgetriebene Schwerlastwagen.
Kurz vor Dunkelheit, die hier in Äquatornähe pünktlich um 6 Uhr nachmittags einbricht, erreichen wir Marabá. Mit dem Namen Marabá verbanden sich in mir schon eine ganze Reihe von Vorstel-

lungen und Erwartungen. Erst wenige Wochen zuvor hatte ich in den USA einen Artikel über dieses im Dreck versinkende Urwaldnest und seine Goldgräber gelesen. Aber es kam viel schlimmer, als ich es mir je hätte träumen lassen.

Marabá, was ist das bloß für eine Stadt? Neben einigen festgemauerten Betonhütten überwiegend verwahrloste Baracken, die aus allen möglichen Materialien notdürftig zusammengenagelt sind, von faulenden Brettern über farbiges Wellblech bis hin zu aufgeschnittenen und geplätteten Blechkanistern und einzeln aufgelesenen Ziegelsteinen.

Wenn mir jedoch alles zu chaotisch und elend erschiene, dann hätte ich bereits aufgegeben, diese hier lebenden Menschen so zu nehmen, wie sie sind. Menschen, die trotz schmerzlicher Entbehrungen glücklich sein können und sich vor allem auf bewundernswerte Weise durchs Leben schlagen, fröhlich und im Innern ihrer Herzen meist zufrieden, ohne Aussicht jedoch, jemals zu einem gesicherten, angenehmen Leben zu gelangen. Die Frage, was man unter einem gesicherten und angenehmen Leben zu verstehen habe, kann ohnehin nur relativ bewertet werden; dafür ist Marabá ein gutes Beispiel.
Dennoch, die Existenz jedes Gegenstandes und je-

des Quadratmeters befahrbarer Lehmpiste erscheint mir wie ein Triumpf menschlichen Erfindungsgeistes über die widrigen Lebensbedingungen einer Stadt, die bei den jährlich auftretenden Überschwemmungen im April in einer metertiefen Schlammbrühe versinkt. Ein Chaos, das in Lawinen von Abfall, in Schlamm, Regen und sumpfigen Schlaglöchern zu ersaufen scheint!

Mitten in der Stadt ereilt uns das Schicksal erneut: beide Hinterreifen sind weggeplatzt. Unter Eimern von Wassermassen ziehen wir mühsam unsere beiden letzten Ersatzreifen auf. Die herabstürzenden Regenfluten ermöglichen uns wenigstens eine willkommene Dusche; waschen uns immerhin den gröbsten Dreck von Kopf und Oberkörper – salonfein für Marabá. Mehr kann eine Stadt wie diese von Besuchern, die sich bis hierher durchgeschlagen haben, nun wirklich nicht verlangen.

In einer zünftigen Churrascaria, einem jener typisch brasilianischen Restaurants, lassen wir faustgroße Fleischbrocken vom Spieß auffahren, dazu ein gutes Dutzend verschiedene Salate und natürlich reichlich Bier.
Anschließend unternehmen wir einen ausgedehnten Zug durch die zahllosen rattenverseuchten Bars und schwülen Kistenbretteretablissements,

um ein bißchen von der hier überall grassierenden Goldgräberstimmung mitzuerleben.

Ganz Marabá befindet sich in einer Aufbruchstimmung, ein Goldrausch, wie es ihn in seiner Wahnwitzigkeit seit den wilden Jahren von Klondike/ Alaska um die Jahrhundertwende nicht mehr gegeben hat. 25 Flugminuten von hier im Carajás-Gebirge haben Siedler Gold in größeren Mengen gefunden. Auf einer Urwaldpiste, die die Goldgräber innerhalb weniger Tage aus dem Urwald gehackt haben, landen täglich bis zu 100 Sportflugzeuge, um die aus ganz Amazonien, ja Brasilien angereisten 25 000 Goldgräber, die sich zu einem großen Teil noch hier in Marabá aufhalten, zu ihren teuer erworbenen Claims zu transportieren. Marabá ist randvoll von jenen abenteuerlustigen Männern, die den Boden nach dem gelben Metall durchwühlen wollen: Vagabunden, Abenteurer, Gangster, Glücksritter, Verrückte und nicht zuletzt Akademiker aus Brasiliens Metropolen wie Rio und São Paulo; dazu Huren in scheinbar beliebiger Menge. Noch hocken sie hier in den allgegenwärtigen schwülen, rauchgeschwängerten Lokalen entlang der von Schlaglöchern zerfressenen Straßen Marabás. Vierschrötige LKW-Bewaffnete und heißblütige Garimpeiros lassen sich unter dem Fauchen der Ventilatoren und dem Schnurren brauner Mädchen die Fingernägel maniküren, während sie mit der freien Hand auf Ratten und Mäuse schießen, die auf den oberen Flaschenregalen hin und her huschen.

Marabá lebt von seinen Bars; insgesamt von über 3500 dieser lebensunterhaltenden Werkstätten. Dazu zahllose Churrascarias. Alle zusammen reihen sie sich wie Garagen aneinander. Bis in die Kühlschränke hinein ist alles mit dem markanten roten Transamazônica-Staub überzogen, den die durchziehenden LKW's und Rinderherden aufwirbeln.

Unmittelbar nach Einbruch der Dunkelheit schalten sich wie einem Startzeichen folgend Tausende Schallplattenspieler Marabás ein. Stühle, Hocker und Tische werden vor die Türen gerückt. Mit ohrenbetäubender Lautstärke steigen dann heiße Rhythmen in den amazonischen Himmel. Nonstop bis zwei Uhr nachts dröhnen die Lautsprecher, ehe die Brettertüren für ein paar Stunden vorgeschoben werden.

Die Geschichten und Storys, die hier allabendlich mit zunehmender Begeisterung zum Besten gegeben werden, wieviel Wahrheitsgehalt man ihnen auch beimessen mag, sie würden ein ganzes Buch füllen.

Ob sie sich als Goldgräber oder LKW-Fahrer in dieser Wildnis ihren Lebensunterhalt verdienen, mal die Taschen voller Geld, mal bettelarm: sie haben alle eines gemeinsam. Was sie nämlich immer wieder an diese Umgebung fesselt, ist neben Romantik und Abenteuer vor allem auch die Vorliebe für einen Lebensstil, der ihnen aus zahlreichen Gründen zusagt und der sich selbst in Brasilien nur an solchen markanten Plätzen ausleben läßt. Der Wunsch nach Wohlstand nimmt gerade hier keinen besonders hohen Stellenwert ein. Sie wissen alle ńur zu gut, daß Reichtum nirgendwo so schnell vergänglich ist, wie gerade hier. Was zählt, sind die Erinnerungen, die ihnen niemand nehmen kann und in denen sie selbst im komatösen Malariazustand noch schwelgen. Vor allem aber sind diese Menschen ausgesprochen gastfreundlich, kontaktfreudig, hilfsbereit und unkompliziert. Sie sind in ganz besonderem Maße gefühlvoll und empfindsam, was man diesen rauhen Gesellen auf den ersten Blick nur schwerlich zugestehen würde. Die meist ausnehmend hübschen Mädchen, in ihren sauberen bunten Kleidern; sie stellen den auffallendsten Kontrast dar; scheinen in ihrer jederzeit freundlichen aufreizenden Art die Liebe für sich gepachtet zu haben.

Am nächsten Morgen hält Marabá, was es uns am Abend versprochen hatte:
Betonhütten mit grellbunten Farben an Türen und Hauswänden, die so herrlich zu dem eintönig satten Grün des Urwalds und dem rostbraunen Band der Transamazônica kontrastieren. In den zahlreichen Geschäften werden neben viel Plunder vor allem Blechpfannen und Schaufeln zum Goldwaschen angeboten. Dazwischen eine notdürftig eingerichtete Metzgerei, die ernsthaft den Anschein erweckt, als würde sie statt Fleisch Fliegen verkaufen wollen!

Schon um 7 Uhr sind wir wieder auf der Piste: Zuerst müssen wir unsere vier Reserveräder flicken lassen. Der halbverzweifelte Werkstattbesitzer beklagt sich bei uns, daß sich seine sämtlichen Arbeiter den Goldgräbern angeschlossen haben. Ist es ihnen zu verdenken, wenn sie mit viel Glück statt der üblichen 2 Dollar täglich in einer der Autowerkstätten vielleicht das Tausendfache verdienen können? So suchen wir uns das nötige Werkzeug zusammen und flicken unsere Schläuche selber. Zweieinhalb Stunden später sind wir an der wenige 100 Meter außerhalb von Marabá liegenden Fährstation, wo wir uns über den Rio Itaicaunas übersetzen lassen wollen. Aber auch hier hat der gestrige Regen von der vormals festgestampften, steil abfallenden Auffahrt zur Fähre nur noch Verwüstung und tiefen Schlamm hinterlassen, in dem bereits etliche Lastwagen feststecken. Das kann Stunden dauern! Da wir ohnehin noch nicht gefrühstückt haben, ziehen wir das Mittagessen um ein paar Stunden vor. In den am Flußufer im tiefen Schlamm stehenden notdürftig errichteten und mit Palmwedeln und Plastiktüten gedeckten Holzverschlägen, die nur durch einen Balanceakt auf schmalen glitschigen Holzplanken zu erreichen sind, herrscht schon Hochbetrieb. Es wird heiß diskutiert. Ein LKW mit einer vollen Ladung Bananen ist beim Auffahren auf den Fährponton mit den hinteren Zwillingsrädern von den Leitschienen abgerutscht und steht nun, angelehnt an die Fähre, sprichwörtlich senkrecht im Wasser. Die Männer entscheiden, die festgemachte Fähre ein paar Meter abtreiben zu lassen, um den LKW so wieder unter Brechen und Biegen in die waagerechte Lage zu bringen. Jetzt hilft allerdings nur noch ein Caterpillar, der dann auch schon nach einer weiteren Stunde eintrifft und einen LKW nach dem anderen aus dem saugenden Uferschlamm heraus an Land zieht. Auch Alberto und ich packen mit an. Wie oft schon waren wir auf die Hilfe von LKW-Fahrern und Siedlern angewiesen, und immer und überall waren wir willkommen. Hier gilt es ganz besonders: Einer für alle, alle für einen.

Schnell kommt man ins Gespräch, findet Freunde und ist am Ende noch um einige nützliche Tips reicher. Auch wir setzen über. Am anderen Ufer stehen ebenfalls eine ganze Reihe dieser Freiluftrestaurants. Wir gönnen uns noch einen heißen Cafezinho.

Die freundliche Gastwirtin im geblümten Kleid, die im kleinen Pappkoffer unter dem klapprigen Schanktisch das Geld aufbewahrt, ist auch hier die Seele des Restaurants. Neben lautstarker Unterhaltung, Schimpfen und Kochen füttert sie ein braunes Huhn, das ständig zwischen unseren Beinen, dem aus zwei Backsteinen zusammengehaltenen Herd und den beiden Holzbänken hin und her läuft, während ihr Mann, sich ebenfalls lautstark unterhaltend, die Gäste bedient. Ein etwa 5jähriger hellblonder Junge, von zahlreichen Moskitos im Gesicht und am Oberkörper zerstochen, sowie ein überaus kesses, in seinem kurzen blauen Kleidchen stets zum Augenflirt aufgelegtes, vielleicht etwas älteres Mädchen vervollständigen die Familie. Während der Junge eher verwöhnt wird, sich alles erlauben darf, mit kaltem Reis und einer matschigen Banane gefüttert wird, läuft das Mädchen ununterbrochen zum Fluß, um Kaffeewasser zu holen, Geschirr und Gläser auszuwaschen. Wenige Meter weiter sehe ich, wie ein anderes Mädchen am Flußufer gewissenhaft seine Puppen wäscht, während sich unmittelbar neben ihr die LKW's einer Schlammschlacht ähnelnd von der Fährabfahrt ans Ufer quälen.

Gegen Mittag machen wir uns wieder auf den Weg. Schon nach wenigen Kilometern halten uns Kinder an und schieben mir ein kleines Gürteltier zum Fenster herein. Es ist gar nicht so einfach, ein Gürteltier überhaupt einmal zu Gesicht zu bekommen, denn es wird ebenso wie der Tapir, der Waldhund und Ozelot erst bei einbrechender Dunkelheit aktiv. Die Kinder, zwei Jungen und zwei etwas ältere Mädchen, denen man ansieht, daß sie ihrer Beute durch das dichte Unterholz nachgekrochen sind, preisen mir das Gürteltier als eine Delikatesse an. Für sie unverständlich, lehne ich ab. Dafür nehme ich die Aufforderung, mit ihnen nach Hause zu kommen, gerne an. Hinter einem kleinen Bananenhain versteckt steht die auf niedrigen Holzpfählen erbaute Hütte, ein Einheitsmodell, wie es zu Tausenden entlang der Transamazônica steht. Insgesamt hat sie drei kleine Räume, dazu eine Küche und nach vornehin eine mit unzähligen Blumentöpfen überfüllte offene Veranda. Zusammen mit einigen Schweinen, unzähligen Hühnern, einigen Enten und zwei kräftigen Gänsen bewohnt die 8köpfige Familie die Holzhütte. Die Hausfrau mit ihren langen schwarzen Haaren hält den jüngsten Sohn auf dem Arm, der etwas kränklich aussieht, viel schreit und immer wieder nach der Brust verlangt. Das nächst ältere, vielleicht 2jährige Mädchen hockt breitbeinig auf der noch schlammig-glitschigen Erde vor der Veranda, in der kleinen Patschhand ein ellenlanges superscharfes Hackmesser, mit dem es mit traumwandlerischer Sicherheit ein langes Zuckerrohr zunächst in kleinere Stücke schneidet und dann die kurzen Stücke senkrecht stellt und längs spaltet, um die freigelegten Fasern dann auszulutschen. Erstaunlich, wie geschickt dieser Winzling mit einer solchen Mordwaffe umzugehen versteht!

Stolz zeigt mir die Familie ihr Haus, führt mich durch die wenigen blitzsauberen Zimmer, dabei stets gefolgt von ein paar Enten und Hühnern, die in den Zimmern mindestens ebensoviel Wohnrecht zu haben scheinen, wie die Familie selbst. In der Küche gärt der Teig für zwei Brotlaibe, um wenig später in der Ofenröhre des roten Emailleherdes zu verschwinden.

Wenige Minuten später sitzen wir wieder in unserem Wagen. Während solcher Pausen schläft Alberto lieber, da die Nächte auf der Transamazônica ohnehin kaum Schlaf versprechen. Jetzt zeigt uns die Piste noch einmal alles, was sie zu bieten hat. Noch über 150 Kilometer wollen wir heute schaffen. Der feine rote Lehmstaub, der in unserem halboffenen Geländewagen durch alles hindurchdringt, überzieht uns schweißüberströmt von Kopf bis Fuß mit einer braunroten Farbe. Kameras und Ausrüstung, alles bedeckt sich mit einer dicken rötlichen Lehmschicht. Dazu die obligatorischen Schlaglöcher, die uns irgendwann einmal einen Achsenbruch abverlangen werden, dann wieder Wellblechpiste übelster Art und die vom Platzregen in die Piste eingefressenen Querrinnen. Zwischendurch immer wieder längere Schlammpassagen. Das Gerüttel und Geschüttel ist kaum zu beschreiben; was nicht niet- und nagelfest ist, macht

sich selbständig. Das Dachgestänge ist bereits angebrochen. Auch die hintere Karosserie hat schon seitliche Risse und der Reservereifen auf der Motorhaube hüpft wie ein Pingpong-Ball.
Heute schaffen wir unser Ziel nicht mehr vor Einbruch der Dunkelheit. Nachtfahrten machen diese Höllenpiste noch weitaus gefährlicher, als sie ohnehin schon ist, weil man die tiefen Schlaglöcher meist erst zu spät erkennt. Die zitternden, tanzenden, kreisenden Kegel der Scheinwerfer reichen zur Orientierung kaum mehr aus. Wir sollten uns in Zukunft eben doch an die Dienststunden der Sonne gewöhnen.
Die noch restlichen 30 Kilometer fahren wir mit Orchesterbegleitung, denn mit Einbruch der Dämmerung beginnt der Dschungel zu leben. Noch vor 9 Uhr erreichen wir Bigodes Churrascaria. Bigode, der vor 12 Jahren aus São Paulo nach Manaus kam und sich Anfang der 70er Jahre hier im Urwald niederließ, in der Nähe von Jatobal südlich von Tucurui am Rio Tocantins, ist ein Mann der ersten Stunde beim Bau der Transamazônica; im Dorf eine angesehene Respektsperson. Er trägt als einziger ei-

Seite 97   6000 km Lehmpiste, einer Entfernung Paris–Karachi entsprechend; angesichts der geländebedingten Probleme wahrlich ein modernes Weltwunder.

nen Revolver. Bigode, der ohne weiteres die Hauptrolle in einem Wildwestfilm spielen könnte, begrüßt uns mit Chachaca (ausgesprochen: Kaschassa) und einem ausgezeichneten Churrasco, zu dem er uns einlädt, denn wir sind seit mehreren Tagen die ersten, die hier aus Richtung Osten angekommen sind. Bis tief in die Nacht lassen wir uns die Neuigkeiten der Transamazônica erzählen, ehe wir abgefüllt und todmüde in unsere Hängematten fallen. Aber auch dieses Mal soll es keine so ruhige Nacht werden; wir sind es gewohnt. Auf den Stütz- und Querbalken über uns turnen die Ratten und wie auf Knopfdruck setzt ein nervenzerreißendes Gebrüll der Guariba-Affen im nahen Dschungel ein. Und wenn die Affen und Ratten einmal für einen Moment stillhalten, dann bleibt immer noch das zum Wahnsinn treibende Hochfrequenzsummen der Moskitos. Hier nützt selbst der beste brasilianische Spray nichts; diese Höllengeister scheinen sogar gegen die modernste Chemie gefeit zu sein. Daß man sie erschlagen könnte, scheint sie nicht sonderlich zu beunruhigen. Die Tatsache, daß sie wahrscheinlich zuerst zum Zuge kommen, verleiht ihnen ihr arrogantes Auftreten. Hier ist Alkohol die beste Medizin, der garantiert uns einen ungestörten Schlaf.

Nach dem üblichen Frühstück; zwei Cafezinho und trockenes Weißbrot, folgt wieder eine Stunde ausführliche Streckenaufzeichnung und Etappenplanung. Auf 100 Meter genau messe ich die Entfernungen zwischen Tankstellen, Siedlungen und Flußläufen. Eine exakte Aufzeichnung, bildliche Dokumentation und Beschreibung aller Besonderheiten soll die Durchführung der Camel-Transamazônica, die am 5. Mai in Estreito starten wird, sicherstellen, zumindest soll es ein Beweis sein, daß eine durchgehende Befahrung, wenn auch äußerst mühsam, möglich ist. Doch letztendlich wird die Möglichkeit des Durchkommens ganz alleine von der Geschicklichkeit der Fahrer, ihrer körperlichen Konstitution sowie der Regenhäufigkeit abhängen.

Alberto hat währenddessen alles für unsere Abfahrt vorbereitet. Zwei neue Schaufeln hat er ebenfalls besorgt, denn bei unseren gestrigen Schlammarbeiten sind unsere beiden bis dahin bewährten Schaufeln zerbrochen. Wie an den vorangegangenen Tagen, so haben wir auch heute wieder mit den Widrigkeiten der Piste zu kämpfen. Nur ist es nicht mehr der Schlamm, sondern die vor Trockenheit berstende Piste. Die letzten LKW's, denen vor zwei Tagen noch die Fahrt durch dickschlammige Kanäle gelungen ist, haben kreuz und quer schlingernde tiefe Fahrrinnen im Lehm hinterlassen, denen die Trockenheit mittlerweile die Festigkeit von Zement verliehen hat. Allen folgenden Fahrzeugen bleibt nun nichts anderes übrig, als ihre Räder in diese Furchen zu lenken und diese Schleuderfahrt nachzuvollziehen oder aber bis zum nächsten Regen zu warten! Ausgesprochen ärgerlich – unser Radstand ist ein ganz anderer. Allzu häufig müssen wir unsere Sandbleche zu Hilfe nehmen, um die tiefen Gräben zu bewältigen. Den gesamten Vormittag verbringen wir mit solchen Leibesübungen; selbstverständlich fahren wir auch einige Meter zwischendurch. Gegen Mittag erreichen wir dann das östliche Ufer des Rio Xingú. Mit einer Fähre setzen wir über. Kreischende Aras, deren aerodynamische Gestalt an Überschallflugzeuge erinnert, kreisen über uns. Sie gehören zur Besatzung eines LKW's, der genau wie wir nach Altamira fährt. Altamira ist heute mit 280 000 qkm die größte Gemeinde Brasiliens. Mit dem Baubeginn der Transamazônica kamen damals nahezu 10 000 Straßenbauarbeiter und Ingenieure und machten Altamira zum Zentrum des gesamten Kolonisierungsprojekts. Heute besitzt diese Stadt mit über 70 000 Einwohnern gewaltige Maschinenparks, zwei Tankstellen, zahllose Baracken, die sich kreuz und quer und in jedem Stadium des Verfalls aneinanderlehnen, zwei kleine Hotels, 19 Nachtclubs und ebenso viele organisierte Freudenhäuser, randvoll mit Schnellservice-

Mädchen, die jedem auch noch so ausgefallenen Wunsch der durchreisenden Garimpeiros und LKW-Fahrer gerecht werden; so heißt es.

Die nun folgenden 90 Kilometer bildet die Piste gleichzeitig die nördliche Grenze des Xingú-Indianer-Reservats. Unsere nächste Station heißt Rurópolis. Dieser Ort ist durch eine 217 Kilometer lange Stichstraße mit dem nördlich am Zusammenfluß des Rio Tapajós mit dem Amazonas gelegenen Santarém verbunden. Ruropolis ist ein neuer Vorposten der INCRA-Beamten. Hier plante man schon vor einigen Jahren den Bau von Schulen, einem INCRA-Hotel für Ingenieure und Regierungsbeamte, Verwaltungszentren für Polizei, Militär und das DNER, Sportanlagen und handwerklichen Unternehmen. Bis zum heutigen Tage ist es bei dem Hotel geblieben: Ein schöner Flachbau aus weißgeputztem Stein und einem mit Holzschindeln gedeckten Dach, Zimmern mit Klimaanlage und im Innenhof sogar ein Swimming-pool. Nur hat der Swimming-pool ebensowenig Wasser, wie es Strom für die Klimaanlagen gibt. Da das Hotel ganz außer Betrieb ist und unser Traum von einem Bett und fließendem Wasser damit ausgeträumt

Seiten 100/101   Die Äxte und das Feuer der Siedler fressen sich immer tiefer in den Urwald hinein.

ist, fällt unsere Wahl notgedrungen wieder auf eines der allgegenwärtigen Etablissements, in dem uns eine zentnerschwere brasilianische Mammi fürsorglich ein feuerscharfes Feijoada serviert.

Es ist immer wieder eine wahre Freude festzustellen, wie diese Menschen bei solchen teilweise hoffnungslosen Zuständen so viel Lebensfreude und zuvorkommende Freundlichkeit ausstrahlen. Die Macht der Gewohnheit, die meisten der hier wohnenden Brasilianer haben es nie anders erlebt, läßt sie über all dies hinwegsehen. Selbst wir haben uns schon daran gewöhnt. Sämtliche Erwartungen an Komfort, Sauberkeit und Straßen bis auf den Nullpunkt heruntergeschraubt, nehmen wir alles mit brasilianischer Gelassenheit, nicht selten mit begeisternder Faszination für diese Menschen und ihren Lebensraum, hin.

Am nächsten Tag erreichen wir schon am frühen Nachmittag die alte Kautschukstadt Itaituba. Hier müssen wir zunächst den Rio Tapajós, der hier schon eine erstaunliche Breite von 2500 Metern hat, überqueren. Auf der völlig überladenen Fähre drängen sich neben vier Lastwagen Dutzende von Siedlern, Garimpeiros und Stadtbewohnern. Meist Ehepaare, der Mann oft bärtig und hager, mit ein oder zwei Säuglingen auf dem Arm, während drei oder auch vier etwas ältere Kinder der abgearbeiteten Mutter am Rockschoß zerren.

Itaituba war im Mai 1876 der Schauplatz jenes spektakulären Kautschukdiebstahls, der 30 Jahre später in den Kautschuk-Hochburgen Manaus und Belém einen der bedeutendsten wirtschaftlichen Konkurse der Weltgeschichte auslöste. An jenem denkwürdigen 21. Mai verfrachtete hier der Engländer Henry Wickham in einer Nacht- und Nebelaktion 70 000 Kautschuksamen an Bord des Hochseedampfers Amazonas, der 4 Wochen später in London vor Anker ging.

Damals bestand Itaituba aus nur wenigen hundert Siedlern; in diesen Tagen hat dieser in die Wildnis vorgeschobene popbunte und so lebenslustige Vorposten menschlicher Zivilisation 35 000 Einwohner. Kautschuk wird zwar weiterhin in den umliegenden Wäldern gezapft, aber auch hier lassen sich seit Jahren, wie vor der Jahrhundertwende in der Schneewüste Alaskas oder wie vor 50 Jahren in der mexikanischen Sierra Madre, gesunde, kraftstrotzende junge Männer von einer risikoreichen Glücksverheißung in die Wildnis locken. Die erste Welle Abenteurer, die dem Goldrausch erlegen waren, kamen schon vor dem Bau der Transamazônica Anfang der 60er Jahre nach Itaituba. Hier riskieren über 10 000 Menschen Malaria, Amöbenruhr oder Hepatitis, um am Goldrausch teilhaben zu können. Zwischen dem Rio Tapajós und dem Rio Xingú, beide überquert die Transamazônica, fressen sich die Garimpeiros wie Metastasen des Goldfiebers in einen Urwald hinein, der dreimal so groß wie die Bundesrepublik ist. Heute liegen viele von ihnen im Krankenhaus von Itaituba, das noch vor wenigen Jahren in den stinkenden Gewölben eines ehemaligen Kautschuklagers untergebracht war. Hier fristen viele ihr Leben; der Bankkaufmann aus São Paulo, den eine Hepatitis zugrunde richtet, die Hure aus Altamira, die am Messerstich eines Garimpeiros stirbt, der kleine Junge, der mit einer ausgebrannten Schlangenbißwunde bewußtlos unter einem Moskitonetz liegt – aber alle haben sie das Eldorado gesehen. Mit Krokodilen und Piranhas lernen sie umzugehen, gegen Moskitos haben sie Netze, und trotzdem landen so viele von ihnen eines Tages gesundheitlich ruiniert in den Barakensiedlungen entlang der Transamazônica. Nicht wenige berichten von großen Funden; Tausende von Dollars hatten sie einmal in einer einzigen Nacht in Rio de Janeiro verjubelt und verpulvert! Die ersten Anzeichen des Fortschritts haben die Ortschaften in Siedlungen des Wilden Westens mit allmächtigen Sheriffs, Revolverhelden, Saloonmädchen und ruinierten Indianergestalten verwandelt. Es ist eine Wegwerfarchitektur, prosaisch und von unglaublich räudigen Hunden bekläfft. Nachts verwandeln sich diese Baracken in öffentliche Saloons. Kleine braune Mädchen, oftmals erst 14 Jahre alt, hocken zwischen den Herren der Piste auf den Barhockern.

Heute ist uns sogar ein Hotel beschieden, zumindest benennt sich diese Kaschemme mit einem so vielversprechenden Namen.

Seite 104   Oben links: Ersatzteillager der Straßenbaubehörde. Oben rechts: Ein LKW quält sich durch den saugenden Uferschlamm einer Fährauffahrt. Unten: Tödliche Gefahr bei Nacht: Solche Wracks werden von ihren Besitzern unbeleuchtet und ohne jeden warnenden Hinweis zurückgelassen. Einheimische Verkehrsteilnehmer warten hier mit ganz eigener Verkehrsmoral auf. Starke Übermüdung und vor allem fehlende Konzentration lassen ihre automobilistischen Abgänge mit nahezu 100prozentiger Trefferquote zu tödlichen Unfällen ausarten.

Seite 105   Oben links: Dieses Gelände spottet selbst jeder Teststrecke für allradgetriebene Schwerlastwagen. Oben rechts: „Gewässer sind bekanntlich die Schatzkammern der Natur, in denen sie ihre Wunder verwahrt" (Isaac Walton). Unten: „Wenn das Lärmen des Menschen und seiner Maschinen verklungen ist, kommt die Stimme der Natur zu ihrem Recht" (Konrad Guenther).

Die Erfahrung hat mich gelehrt, einfache Hotels stets nach dem Funktionieren bzw. Nichtfunktionieren ihrer Duschen zu beurteilen. Und so bin ich nur wenig überrascht, als sich dieselbe in Krämpfen windet und ein röhrendes Geräusch von sich gibt, bevor sie einen dünnen Strahl rostbrauner Brühe herausbringt.

Endlich mal eine Nacht ohne das sonst allgegenwärtige Ungeziefer tropischer Ausmaße; aber auch dies bleibt nur ein Wunschtraum, denn in den frisch bezogenen Betten unseres Zimmers krabbeln munter große Käfer herum. Trotz engmaschiger Netze vor dem Fenster schwirren Dutzende von Moskitos und Fliegen durch die stickige Luft. Alberto entdeckt zu unserer beider Überraschung hinter der Türe eine wahrhaft tellergroße Vogelspinne; relativ ungewöhnlich, denn normalerweise suchen Vogelspinnen ihre Nahrung auf dem Waldboden und nicht etwa in einem Hotelzimmer. Vielleicht sollten wir doch unsere Hängematten vorziehen!

Heute ist Sonntag und in dem unserem Hotel gegenüberliegenden Straßencafé trifft sich die Jugend von Itaituba zu einem lautstarken, trinkfesten und von ohrenbetäubender Musik übertönten Stelldichein. Hier zeigt sich, daß die Mode und der allgemeine Trend Rio de Janeiros selbst hier im entlegenen Itaituba noch richtungweisend ist.

Am darauffolgenden Tag wollen wir unser Endziel Jacareacanga, 380 Kilometer weiter südwestlich ebenfalls am Rio Tapajós gelegen, erreichen. Nützliche Hinweise über den Zustand der Strecke haben wir keine erhalten können, außer daß man uns ernsthaft von der Fahrt nach Jacareacanga abrät, da während der letzten drei Wochen weder jemand in diese Richtung gefahren sei noch jemand aus Jacareacanga hier angekommen sei. Also sind wir auf das Schlimmste gefaßt. Eines wissen wir jedoch ganz sicher: entlang der Strecke und in Jacareacanga selber gibt es keinen Liter Benzin. Eine Tankmöglichkeit besteht erst wieder im 1077 Kilometer entfernten Humaitá. So füllen wir unseren Tank und sämtliche Reservekanister bis oben hin auf und machen uns auf den Weg. Nach zwei Stunden Fahrt wird die Piste so eng, daß wir gerade noch hindurchfinden. Zeitweise glauben wir, daß wir uns verfahren haben; aber es gibt nur einen Weg nach Jacareacanga! Das jedenfalls haben wir uns erzählen lassen. Der Regen der letzten Tage hat alle Spuren verschwinden lassen. Überall zäher Sumpf und Morast. Die Luft hier ist schwül und schwer wie in einem Treibhaus. Schwarze Wolkenbänke mit flammenden Rändern stehen giftfarbig über der tiefdunklen Silhouette des Regenwaldes. Wolkenfetzen hängen in den Baumwipfeln, während die ersten Blitze eines herannahenden Gewitters durch die Bäume zucken. Maßlos sind dann die Wassermassen, die auf uns heruntergehen. Und maßlos wie alles in den Tropen sind nachher die Sonnenstrahlen, die das Naß in kochenden Dampf verwandeln.

Es können nur noch wenige Kilometer bis Jacareacanga sein, als sich buchstäblich eine ganze Wolke von Moskitos durch die offenen Fenster hindurch ins Wageninnere verirrt. Innerhalb weniger Minuten sind wir am Oberkörper von Stichen übersät. Erst als wir sehen, daß jeder Stich einen richtigen Blutstropfen hinterläßt, halte ich an und wir springen fluchtartig ins Freie. Aber draußen läßt es sich ebensowenig aushalten. Abermillionen von ihnen; schwere, schwebende wolkenartige Schwärme, die uns im Nu umnebeln. Wir atmen Moskitos ein – glauben fast an ihnen zu ersticken. Das hier muß die Brutstätte aller brasilianischen Moskitos sein! Alberto faselt schon von Curupira, dem Urwaldgeist, dem Dämon der amazonischen Urwelt, der uns für unseren Leichtsinn bestraft. Mit Vollgas versuchen wir den geschäftigen Blutsaugern Curupiras zu entkommen und erreichen nach weiteren zwei Stunden endlich Jacareacanga.

Schon in Altamira hatten wir uns erzählen lassen, daß die Siedler hier in Jacareacanga wegen der in dunklen Schwärmen auftretenden Moskitos nur dick eingehüllt, mit langärmeligen Hemden, ja sogar mit Handschuhen herumlaufen würden. Wir hatten es für eine bare brasilianische Übertreibung gehalten; wir waren nun eines Besseren belehrt worden.

Die Hüte weit ins Gesicht gezogen, die Hosenbeine sorgfältig in die Socken gestopft und die Hände tief in die Hosentaschen versteckt – so begegnen uns die ersten der wenigen hier lebenden Siedler. Vor Einbruch der Dunkelheit suchen wir uns wieder eine Bleibe für die Nacht. Zusammen mit einigen Fazendeiros sitzen wir gemeinsam an einem aus groben Brettern gezimmerten Tisch, um uns über ein ewig gleiches Abendessen zu freuen: Feijoada, neben Churrasco das zweite brasilianische Nationalgericht, das aus einer Schüssel Reis, einer Schüssel schwarze Bohnen, einer Schüssel Maniokmehl und Rindfleisch besteht.

Jacareacanga ist für uns der Umkehrpunkt unserer Reise auf der Transamazônica. Über Itaituba fahren wir zurück nach Rurópolis, eine weitere Zweitagesreise. Von hier aus benutzen wir die nach Norden an den Amazonas führende Verbindungsstraße nach Santarém. Die erwartungsfreudige Unruhe ist uns anzumerken; nicht unbegründet, denn wir hatten schon vor Wochen im luxuriösen 1. Klasse-Hotel Tropical in Santarém ein Zimmer bestellt. Der Traum von einem Badezimmer, einem frisch bezogenen, weich gefederten Bett und einem

Santa Helena

Bogotá

Boa Vista

Macapá

Marajó

Perimetral Norte

Caracarai

Perimetral

Norte

Santarem

São Luis

MANAUS

BELEM

Iquitos

Leticia

AMAZONAS

Altamira

Fortaleza

Benjamim Constant

Itaituba

Marabá

RIO MADEIRA

Jacareacanga

Estreito

Teresina

Natal

Cruzeiro do Sul

Humaitá

Trans Amazônica

Trans Amazônica

João Pessoa

RECIFE

Porto Velho

RIO TAPAJOS

RIO XINGU

RIO ARAGUAIA

RIO TOCANTINS

RIO SÃO FRANCISCO

Abuna

Rio Branco

Guajará-Mirim

SALVADOR

RIO MAMORÉ

La Paz

BRASILIA

Cuiabá

VENEZUELA

GUAYANA

KOLUMBIEN

Campo
Grande

ECUADOR

BRASILIEN

RIO DE JANEIRO

PERU

Asunción

RIO PARANÁ

SÃO PAULO

BOLIVIEN

CURITIBA

PARAGUAY

URUGUAY

CHILE

ARGENTINIEN

PORTO ALEGRE

0   500   1000   1500 km

unter Palmen gelegenen Swimming-pool sollte sich noch heute erfüllen! Unter den restlichen 217 Kilometern haben wir uns eine dreistündige Fahrt vorgestellt. Aber gerade diese Straße nach Santarém wird krönender Höhepunkt unserer amazonischen Reise hinsichtlich gefährlicher Längs- und Quergräben, Schlaglochtiefe und Schlammpassagen. Zu allem Überfluß setzt auch noch ein Gewitter ein. Plötzlich stehen einige LKW's vor uns auf der Piste, im Schlamm hoffnungslos festgefahren. Aber das ist noch nicht alles. Weiter vorne ist die Straße weggespült. Von Sturzbächen auf zweihundert Meter Länge und etwa fünfzehn Meter tief einfach weggespült und abgesackt! Die prasselnden Regenfluten lassen nun auch unseren Wagen bis zu den Achsen im gelbroten Lehm versinken. Über Funk hat ein LKW-Fahrer bereits Straßenbauingenieure eines Ausbesserungslagers informiert. Die Bulldozer kommen schon nach vier Stunden aus 90 Kilometer Entfernung zum Bau einer Umgehungspiste. Aus einer Weiterfahrt wird heute jedoch nichts mehr. So bereiten wir uns auf eine Übernachtung im Auto vor. Die überdachte Ladefläche eines LKW's wird als Treffpunkt aller Gestrandeten in ein Restaurant, eine Kneipe und gleichzeitig in eine Discothek umfunktioniert. Aus dem Führerhaus dröhnen ohrenbetäubend die neuesten Schlager westlicher Hitparaden. Bis in die frühen Morgenstunden werden Geschichten und Erfahrungen ausgetauscht.

Bei Morgengrauen regnet es noch immer und es wird Mittag, ehe die Bulldozer eine passable Umgehungspiste, vorbei an den kraterhaften Abgründen, durch den Urwald planiert haben. Und doch dauert es noch Stunden, bis auch wir die andere Seite erreicht haben, denn nach jeder Durchfahrt, die nur mit Vollgas zu bewältigen ist, müssen die Bulldozer den aufgewühlten lockeren Urwaldboden, der sich in Sekundenschnelle wieder in einen schmatzenden Morast verwandelt, erneut planieren. Gegen drei Uhr schließlich können wir aufbrechen, im Zwanzigkilometertempo. Die Straße zieht sich endlos hin. Endlos und schnurgerade. Rechts und links wuchert der Dschungel und schiebt sich bereits wieder bis an die abplanierten Bankette vor. Nichts läßt daran erinnern, daß in einer Entfernung von nur 150 Kilometern, an den Ufern des Amazonas, eine Großstadt von nahezu einer halben Million Einwohnern existiert – Santarém!
Wenn der Wagen den Scheitelpunkt eines Hügels erreicht, geht der Blick weit voraus über zahllose andere Hügel. Urwald bis zum Horizont, nichts als Urwald! Aus den Wipfeln lianenumschlungener Paranußbäume schrecken Schwärme von Papageien und Wellensittichen auf. In grünen, blauen und

schwarzroten Wolken schwirren sie über die Piste und streichen mit prasselndem Flügelschlag ab. Eine große Rodung, tief in den Dschungel gebrannt, taucht auf. Dann eine Pflanzung junger Gummibäume, schließlich ein paar Blockhütten am rechten Wegesrand; einige schäbige Caboclos lümmeln sich in Hängematten auf den Veranden. Eine Ortschaft, die sich durch eine vermooste Barockkirche und drei Dutzend Bretterbuden auszeichnet, die Hälfte von ihnen Kneipen. Nur wenige hundert Meter weiter unterhält eine Straßenbaufirma ihr Basiscamp. Das bedeutet Frontgebiet, nur wenige Kilometer entfernt – scheinbar undurchdringlicher Dschungel, endlos, feucht und stinkend. Die Baumfäller arbeiten, wenn die glühende Hitze den Schlamm auf der Urwaldschneise getrocknet hat, sie fluchen, wenn es regnet, und warten, bis sie wieder arbeiten können. Am Ende des Jahres wollen sie 200 Kilometer weiter in den Dschungel vorgedrungen sein. Im Camp stehen die Caterpillars, die Planiermaschinen, Last- und Tankwagen und die riesigen Ersatzteillager. Dazu Büroräume, Schlafbaracken, Kantinen und Sanitätsräume. Die Wasserfluten der letzten 24 Stunden ersticken noch immer jegliche Tätigkeit. Aus den Böden der Baracken quillt die Fäulnis, in den Spinden schimmelt die Wäsche, zwischen den Wänden steht die schwüle Hitze wie in einem

Dampfbad. Der Regen ist jedesmal eine Herausforderung an diese Männer. Sie fürchten und sie hassen ihn. Die spezialisierten Fahrer der Caterpillars und Planierraupen liegen auf ihren Feldbetten und dösen oder spielen gelangweilt Karten. Einige der Arbeiter betonieren den Fußboden der Kantine. Abenteuerliche Burschen haben sich hier zusammengefunden, heißblütig und aufbrausend. Sie sind aus freien Stücken hier, und sie hassen es, sich, wem auch immer, zu unterwerfen. Es wäre nicht das erste Mal, daß ein unbeliebter Vorgesetzter durch einen heimtückisch geführten Messerstich in die Leber verblutet. Die Spuren an der Klinge werden gründlich mit Urin gereinigt; wer könnte dem Täter etwas nachweisen.

Die Schlechtwetterfront liegt noch immer über uns, und so müssen wir noch etwas Geduld haben, ehe wir die letzte Etappe nach Santarém fahren können. Unterdessen nutzen wir die Gelegenheit, uns etwas umzusehen. Wir ziehen uns unsere oberschenkelhohen Gummistiefel an und gehen bis an die Front der Baumfäller vor.

Sie arbeiten sich durch ein Stück Dschungel, das verseucht ist von Vogelspinnen, verseucht von Pulverfliegen, von Moskitos und Schlangen. Der Geruch nach Fäulnis, der Dauerregen, die Stechfliegen und die Malaria, ein Durcheinander von Lianen und die undurchdringlichen Barrieren von

Dornengestrüpp, alles das macht ihnen das Leben schwer. Zum größten Teil sind sie erfahrene Waldläufer, die fast alle in diesen Breitengraden aufgewachsen sind, allein auf ihre Buschmesser angewiesen, auf ihre Erfahrung, die sie in dieser Urwelt überleben und arbeiten läßt. Sie schlagen sich seit Monaten durch dieses Inferno aus Wald und Morast. Ihr Tagespensum sind Schneisen von vielleicht 500 Meter Länge. Wenn mehrere Kilometer vermessen sind, dann schlagen sie ein vorgeschobenes Lager auf, um vom Basiscamp unabhängig zu sein. Der Proviant wird für Wochen hinterhergeschleppt. Den Informationsaustausch besorgen dann Läufer; zwei oder drei Tage hin und zurück. Die Frontarbeiter, ausgesprochene Spezialisten und Facharbeiter, schlagen mit Beilen und Hackmessern Stämme und Palmenzweige, schneiden Lianen, um nebenstehende Bäume zu sichern. Die Männer arbeiten sehr geschickt. Sie kennen alle Tricks, um in dieser feindlichen Umwelt überleben zu können. Ihr Instinkt ist nicht weniger ausgebildet als der der Tiere. Verfängt sich ein umstürzender Baum in den Lianensträngen des nächsten oder übernächsten, bleibt krachend hängen, schräg, schaukelnd, dann läuft einer der Arbeiter, die Arme weit ausgestreckt, balancierend wie ein Affe auf ihm hoch, zieht sein Schlagmesser aus dem Gürtel, durchschneidet den Lianenstrang und

wirft sich, ehe der Baum brechend unter ihm in die Tiefe stürzt, mit einem einzigen gekonnten Sprung hinüber in das nächste Geflecht, greift nach einer Liane, schwingt bis zum Nachbarbaum, umfängt ihn mit den Schenkeln und ist schon mit wenigen raubkatzenähnlichen Sätzen wieder auf dem Boden. Das alles in triefend nassen Klamotten und mit schweren Gummistiefeln an den Füßen, in denen bis zum Rand das Wasser quietschend und saugend schwappt. Alles geschieht in Windeseile; die Augen können kaum so schnell all das verfolgen, was sich da in schwindelnder Höhe abspielt.

Auf einer seitlichen Piste arbeiten sich zwei Bulldozer mit heulenden Motoren in den Wald hinein. Um sich vor stürzenden Bäumen und Ästen zu schützen, haben die Männer über ihren Sitzen einen angeschweißten Baldachin aus stählernen Rohren. Wie Rammböcke stoßen sie ihre Bulldozer nach vorne, walzen Unterholz, Sträucher und Palmen nieder, kuppeln und schalten und geben Gas und setzen zurück und sichern nach oben und nehmen einen neuen Anlauf und rammen gegen massige Urwaldriesen mit weit ausladenden Wipfeln. Die zerschundenen stählernen Schaufeln krachen ins Holz, schrammen knirschend am Baumstamm hoch, bis die Rinde splittert. Absetzen und neuer Anlauf! Die Motoren heulen auf hohen Touren. Endlich wankt ein Baum, nachstoßen! Äste, Lianen kommen von oben, Blätter regnen, und dann neigt sich der Baum nach vorne, langsam, in Zeitlupentempo und donnert schließlich, Lianen und kleinere Bäume mit sich reißend, in den Boden. Mit dumpfem Krachen geht der Wald im Dunst schwarzer Abgaswolken heißgelaufener Maschinen vor unseren Augen in die Knie. Die aufgewühlte Erde stinkt nach Moder. Gegenseitig schreien sich die Männer Warnungen zu. Sie arbeiten verbissen, sie schinden sich ab und brechen in diese grüne verfilzte, feindliche Front ein mit ihren verdreckten, verbeulten, zum dutzendsten Male wieder zusammengeflickten Maschinen.

Sie alle bauen an einer dauerhaften Verbindung des Amazonasbeckens mit dem Rest Brasiliens. Erst durch ihre Arbeit wird eine Besiedlung und eine Ausbeutung der unermeßlichen Bodenschätze möglich, etwas, was die Zukunft von Amazonien und Brasilien bestimmen wird.

Am nächsten Morgen hält der Dauerregen für ein paar Stunden den Atem an. Das ist für uns die Chance, die letzten Kilometer bis Santarém unter die Räder zu bringen. Auf den letzten Kilometern begleiten uns rechts und links der Straße zahlreiche Gruppen von Mädchen; junge Frauen, die größtenteils ein ungewisses Leben als Konkubinen der Seringueiros führen, importieren ihren zweifelhaften Reiz nach Santarém. Mädchen, die des

abends die Bars der Urwaldmetropole füllen. In Stöckelschuhen und bunten Ballkleidern haben sie zwei oder drei Kilometer im Schlamm der Waldwege zurückgelegt, ehe sie die Hauptstraße erreichen. In ihren leichten Kleidern, geschminkt und frisiert gehen sie ihrem lasterhaften Geschäft entgegen. Den meisten dient die Schminke weniger dazu, Schönheit vorzuzeigen, als eher den Anschein von Gesundheit zu erwecken. Unter Rouge und Puder verbergen sich nicht selten Pockennarben, Schwindsucht und Malaria.

Wir kommen dem Stadtzentrum immer näher. Ist die Transamazônica-Tortur etwa schon oder gar endlich zu Ende? Noch nicht ganz, denn schon im nächsten Augenblick platzt der linke Hinterreifen weg. Einen Ersatzreifen besitzen wir nicht mehr; von unserer anfangs guten Ausrüstung ist nichts mehr verblieben. Auf drei Reifen und einer Felge schleichen wir über die breiten schlaglochübersäten Asphaltpisten von Santarém.

Die Zivilisation hat uns wieder. Mit einem Wrack von Auto halten wir triumphierend in der Luxusherberge Tropical zu Santarém Einzug. Was drei Wochen Schlamm, Staub, Schweiß und Entbehrungen aus uns gemacht haben, versetzt selbst die Portiers und herumstehenden Kofferträger in ungläubiges Staunen.

Der Amazonas, nichts als Superlative

Schon das statistische Material ist verblüffend genug!

"Von einer großen erhabenen Natur umgeben und lebhaft mit ihren bei jedem Schritte sich darbietenden Phänomenen beschäftigt, hat man wenig Lust, persönlichen Vorfällen und kleinlichen Lebensbegebenheiten nachzugehen."
(Alexander von Humboldt, 1814)

Wenn man den Geographen Glauben schenken darf, denn bis zum heutigen Tag ist man sich über die exakte Länge des Amazonas noch nicht einig, so mißt der Amazonas von seiner Quelle in der Cordillera de Huayhuash in den peruanischen Anden bis hin zu seiner Mündung in den Atlantik unter Einrechnung der Krümmung ganze 7568 Kilometer. Damit ist er nahezu 6mal länger als der Rhein und immerhin noch fast 1000 Kilometer länger als der Nil. Die jeweiligen Angaben über die geographische Ausdehnung des Amazonas-Beckens variieren aufgrund der verschiedenartigen naturräumlichen Definitionsmöglichkeiten der Amazonasregion; die Angaben liegen zwischen 3,6 Millionen und 9,0 Millionen Quadratkilometer. Gehen wir von der Berechnung des Hydrographischen Instituts in São Paulo und damit von einem Gesamteinzugsgebiet des Amazonas von 5 870 000 qkm aus, so entspricht diese Ausdehnung etwa einem Drittel der Gesamtfläche Südamerikas, 53% der Staatsfläche Brasiliens oder noch anschaulicher, der 23fachen Größe der Bundesrepublik Deutschland. Das Einzugsgebiet verteilt sich flächenmäßig folgendermaßen auf die einzelnen Anliegerstaaten:
Brasilien mit 63,6%
Peru mit 15,8%
Bolivien mit 11,8%
Kolumbien mit 5,7%
Ecuador mit 2,1%
Venezuela mit 0,9%
British Guayana, Französisch Guayana sowie Surinam mit insgesamt 0,1%.

In Brasilien selbst teilen sich die drei Bundesstaaten Amazonas, Pará, Acre und die drei Bundesterritorien Amapá, Roraima und Rondônia sowie kleinere Teile der Bundesstaaten Mato Grosso, Maranhão und Goias die Amazonas-Ebene.

Von etwa 1100 nennenswerten Nebenflüssen auf brasilianischem Boden sind 100 bei hohem Wasserstand auf gut 110 000 Kilometern Länge schiffbar; 17 Nebenflüsse sind länger als der Rhein.
Der Amazonas steht an erster Stelle aller schiffbaren Flüsse: auf 5000 km Länge ist er befahrbar. 3000-Tonnen-Frachter können die peruanische Hafenstadt Iquitos, mit 3834 km Entfernung von

der Mündung der meerfernste Binnenhafen der Welt, erreichen. Selbst die größten Ozeanriesen können noch an den Hafendocks von Manaus, als amazonische Hauptstadt viele Jahrzehnte lang der größte und modernste Hafen der Welt, anlegen.

Als winziger Gebirgsbach entspringt der Amazonas in über 6000 Meter Höhe den eisgepanzerten peruanischen Anden, hier noch Rio Maranon genannt, stürzt durch unzählige Felsschluchten die Kordillieren hinab und durchfließt, durch mehr als 1000 Nebenflüsse ständig anschwellend, das dschungelbedeckte Amazonas-Tiefland, ehe er sich in einem 320 km breiten Mündungsdelta in den Atlantik ergießt.

Der Amazonas, der mit einem Fünftel des gesamten Weltsüßwasservorrats das größte zusammenhängende Süßwasserreservoir der Welt darstellt, drängt bei mittlerem Wasserstand stündlich 5,75 Millionen Kubikmeter schlammigbraunes Wasser in den Atlantik hinaus. Diese Wassermasse lagert pro Tag drei Millionen Kubikmeter Sedimentgestein vor seiner Mündung ab und drängt mit so brutaler Macht unaufhaltsam in den Ozean hinein, daß sie ihn bis 400 km vor die Küste dunkelbraun einfärbt und trinkbar macht.
Seine Tiefe schwankt zwischen 20 und 180 Metern, nur bei Óbidos, einer natürlichen Flußenge, mißt die Tiefe 400 Meter. Seine Breite erreicht an der Grenze zu Peru knapp zwei Kilometer und bewegt sich im Unterlauf zwischen fünf und neun Kilometer.

Auf einer Länge von 3000 Kilometern bis hin zur Mündung in den Atlantik beträgt das Gefälle des Amazonas nur 65 Meter: bis zur Mündung des Rio Negro beträgt der Abfall der Sohle umgerechnet 2,5 Zentimeter je Kilometer, von dort bis zur Mündung des Rio Tocantins, der praktisch ins Mündungsdelta fließt, ist es lediglich noch etwas mehr als 1 Zentimeter pro Kilometer. Auf die gesamte Flußlänge umgelegt errechnet sich sogar ein Durchschnitt von nur knapp einem halben Zentimeter pro Kilometer. Daraus erklärt sich auch, warum man die Gezeiten des Atlantik noch fast 700 Kilometer stromaufwärts verspürt. Bei der periodisch wiederkehrenden Springflut, der Pororoca, fließt der Amazonas Hunderte von Kilometern landeinwärts; der Atlantik drängt in das Delta und schiebt mit ungeheurer Macht die Amazonasfluten solange vor sich her, bis die zusammengepreßten Wassermassen explodieren. Diese donnernde Flutwelle überschwemmt das angrenzende Land oft kilometerweit und haut so manche Hütte kurz und klein.

Die alljährlichen heftigen Regenfälle, die zu unterschiedlichen Jahreszeiten in verschiedenen Gegenden niedergehen, lassen den Amazonas gelegentlich um bis zu 40 Meter ansteigen und überfluten ein Sechstel des gesamten Amazonas-Beckens. Selbst im weit entfernten Manaus sind die Schwimmdocks der Hafenanlagen noch auf einen Unterschied im Wasserstand von 16 Metern eingerichtet.

Irgendwo im Amazonasgebiet regnet es immer. Der Äquator verläuft exakt durch das Mündungsdelta. Südlich von ihm fällt der Höhepunkt der Regenzeit in den Dezember und Januar, nördlich von ihm in den Juni.

In der Tat meint die Bezeichnung Amazonas nicht nur einen Fluß, sondern ein riesiges Flußsystem. Schon die ersten Erforscher des Amazonas, als erster Entdecker Francisco de Orellana, bezeichneten ihn als Meer. Nach der Meinung verschiedener Geographen ist er ein riesiger von Tausenden von Inseln durchsetzter Meeresarm, der einst den Atlantik mit dem Pazifik verband, ehe ihn die Auffaltung der Anden zu einer Sackgasse werden ließ. Die größte dieser Inseln ist im Mündungsdelta die Insel Marajó, mit etwa 48 000 qm größer als die Schweiz und gleichzeitig größte Süßwasserinsel der Welt.

Warum und wieso nennt man eigentlich den westlichen Teil des Amazonas, den vermeintlichen Oberlauf, zwischen den Andengipfeln und dem Eintritt auf brasilianisches Staatsgebiet zuerst Rio Maranon, anschließend Rio Solimoes und erst von der Mündung des Rio Negro bei Manaus an mit seinem Hauptnamen?

Wolfgang Hoffmann-Harnisch, der viele Jahre seines Lebens in Brasilien verbrachte, gibt uns hierauf eine erstaunliche, aber gerade deswegen eine unter Geographen um so heftiger diskutierte Antwort:

„Auf der Linie des Äquators ist der brasilianische Schild vor Jahrmilliarden gesprungen. Der Gneissockel weist einen Spalt auf, eine Kerbe, die ihn geradlinig ostwestlich teilt, und durch welchen sich die umgebenden Meere stürmend vereinigen. Vor kaum einer Million Jahre entstanden dann die südamerikanischen Anden, in ihrer Verlängerung bis nach Alaska bzw. Feuerland, legten sich quer vor die äquatoriale Kerbe und riegelten sie so gegen den westlichen Pazifik ab. Damit war die Gestalt des Gesamtkontinents Südamerika in seinen Grundzügen vollendet. Als Folge daraus konnten die sich ansammelnden Regenmassen aus den Anden, den südlichen und nördlichen Urwäldern nur noch in Richtung Osten abfließen. Das, was wir Bach, Fluß oder Strom nennen, entsteht dadurch, daß sich das Wasser zwischen Quelle und Mündung ein Bett selbst gräbt. Alle sogenannten Nebenflüsse sind echte Flüsse, nur der Amazonas selbst ist kein Fluß, sondern ein Hohlraum, in den sich die Wassermassen vereinen und gemeinsam viele tausend Kilometer später in den Atlantik münden."

Warum also beansprucht der Amazonas in seinen Teilstücken unterschiedliche Namen?

Nur deshalb, weil jene eigen benannten Teilstücke keine wahllos bezeichneten Teilstrecken sind, sondern eben ganz eigenständige Flüsse darstellen. In der Ganzheit mag hier eine Augentäuschung vorliegen. Der echte Fluß Solimoes ist nur deshalb in den Verdacht gekommen, Oberlauf des vermeintlichen Flusses Amazonas zu sein, weil er genau westöstlich geradeaus in diese Kerbe hineinfließt.
Hier muß es wohl so etwas wie eine Offenbarung der Natur dem Menschen gegenüber gegeben haben, die ihn beauftragte, mit der Namensgebung auf die ungewöhnlichen Tatbestände hinzuweisen. Um ihn nämlich im eigensten Sinne des Wortes einen Fluß nennen zu können, dazu fehlt dem Amazonas das notwendige Gefälle. Nur wo Gefälle ist, kann das Wasser aktiv werden und ein Flußbett

graben. Der Eindruck eines Gefälles wird durch die enormen Ablagerungen der Nebenflüsse erzeugt. Die ganz außerordentliche Schnelligkeit und Macht, mit der sich die Riesenwassermassen in den Atlantik stürzen, kann nicht aus dem Gefälle erklärt werden, sondern ist ganz alleine die Folge eines durch massiven Druck begünstigten Überlaufprinzips.

Bemerkungen zur Medizin

„Die Brasilianer sind die farbenblindesten aller Völker. Sie sind es so sehr, daß sie einem Neger ins Antlitz schauen und in ihm einzig den Menschen erkennen." Roy Nash

Die Durchführung der Camel-Transamazônica brachte eine berechtigte Sorge um die Gesundheit mit sich, denn in den Urwäldern Amazoniens lauern die verschiedensten Krankheiten.

Gegen einige kann man sich wappnen. So erhöhten wir unsere Abwehrkräfte durch Impfungen gegen Cholera, Typhus und Paratyphus, Gelbfieber und Wundstarrkrampf sowie gegen Malaria durch die Einnahme des Medikaments Fansidar. Eine weitere und nicht zu unterschätzende Gefahr stellte die epidemische Gelbsucht dar, verursacht durch virale Schmutzinfektion. Alle Teilnehmer der Camel-Transamazônica wurden zur Vorbeugung mit Gammaglobulin geimpft. Die physischen Strapazen, der aufgrund nahezu unpassierbarer Schlammpassagen oder Brücken sowie langwieriger Fahrzeugreparaturen entstandene Zeitdruck und dadurch bedingter Schlafmangel zehrten an unserer seelischen Widerstandskraft. Das schuf fruchtbaren Boden für Meinungsverschiedenheiten. Doch der ureigene Wille zur Kameradschaft, Kooperation und letztendlich zum Durchhalten ließ es nie zu ernsthaften Auseinandersetzungen

kommen. Zudem führten die langen Dschungelabende mit ausreichend Bier stets zur Wiederherstellung der allfällig ins Wanken geratenen Harmonie.

Im nachfolgenden Bericht schildert der die Camel-Transamazônica begleitende Mediziner Prof. Dr. Jürgen Aschoff seine eigenen Erfahrungen:

Reisen im Amazonasgebiet sind stets mit gesundheitlichem Risiko verbunden. Für die Teilnehmer der Camel-Transamazônica, die auf der über 3000 Kilometer langen Fahrt über die Transamazônica von mir ärztlich betreut wurden, waren es im wesentlichen vier Bereiche, in denen medizinische Überwachung, Beratung oder Behandlung notwendig wurde.

Da ist vor allem die ständige Unfallgefahr auf der durch häufigen Regen aufgeweichten, schlammigen, in trockenem Zustand von tief eingefressenen Querrinnen durchzogenen Straße; dann ist da zum anderen vor allem für tropenungewohnte Reisende das psychische Problem mit der Hitze, dem nie endenden Dreck, mit der Anstrengung, den Insekten und der ungewohnten Nahrung fertig zu werden, was dann direkt überleitet auf die speziellen Probleme im Magen-Darm-Bereich (Durchfall). Und

117

letztlich besteht im Urwald sowie in den zahllosen Barackensiedlungen die Möglichkeit, nicht nur von Myriaden von Moskitos, sondern auch von unangenehmeren Insekten oder gar giftigen Schlangen oder Spinnen gestochen und gebissen zu werden.

Wie unfallträchtig die Piste der Transamazônica ist, dokumentieren vom Dschungel rasch überwucherte Autowracks rechts und links der Straße. Rostige Mahnmale meist tödlicher Unfälle!

Daß man sich in den Tropen zum Schutz vor Sonne und Insekten anzieht, statt wie an Mittelmeerküsten zum Lüften und Bräunen auszieht, müssen tropenunerfahrene Europäer erst mühsam lernen. Schon eine halbe Stunde in der Mittagssonne kann zu einem Sonnenbrand führen, der mehrtägige intensive Behandlung erfordert und wegen der brennenden Schmerzen nächtliche Schlaflosigkeit nach sich zieht. Kann man nachts nicht schlafen, dann nimmt man das Urwaldkreischen doppelt wahr, hört die Ratten auf den Dachbalken der windschiefen Hütten turnen und ist am folgenden Tag so zerschlagen, daß das feuchtheiße Klima, die Insektenstiche, der Durst oder vergammeltes Essen doppelt unangenehm empfunden werden.
Auf ein solches Tropenabenteuer muß man sich

einlassen können, muß die Anstrengungen und dauernden Unannehmlichkeiten akzeptieren, im Strom der Mühsal mitschwimmen, und darf sich nicht dagegen stemmen. Nur so bleibt man gesund, übersteht mit einer gewissen stoischen Ruhe die Schwierigkeiten – und kann dann das Abenteuer auch genießen. Das Wichtigste zum Gesundbleiben ist noch immer, sich auf seinen „gesunden Menschenverstand" zu besinnen.

Ich bestehe auf konsequenter Einnahme der Malaria-Prophylaxe. Das gesamte Amazonastiefland ist von Malaria verseucht und selbst für die Einheimischen ist die Malaria eine der häufigsten Krankheiten. Gegen Insektenstiche ziehen wir nachts ein Moskitonetz über die Hängematten, tagsüber schützen wir uns mit langärmeligen Hemden und verreiben auf den ungeschützten Hautpartien das Insekten-Repellant Autan (R), das es rechts und links der Transamazônica auch in kleineren Ortschaften in ausreichender Menge zu kaufen gibt. Interessant, wie nicht nur das Autan (R) bei dem einen guten Schutz vor Insektenstichen bewirkt und bei anderen weit weniger hilft, sondern wie auch eine erhebliche individulle Anfälligkeit für Insektenstiche zu bemerken ist.
Wie Insektenstiche und Malaria der einheimischen Bevölkerung gleichermaßen zu schaffen machen

wie uns, so auch die Durchfallerkrankungen, diese der einheimischen Bevölkerung sogar meist mehr als uns. Wir wissen um den Zusammenhang von verseuchtem Wasser, abgestandenen Speisen und daraus resultierender Magen-Darm-Störung. Und obwohl wir es wissen und uns vorsehen, stellt sich schon nach wenigen Tagen bei der Mehrzahl der Teilnehmer – und fast mit Sicherheit bei der Mehrzahl der Tropenerstreisenden der Durchfall ein. Lästig, aber für uns gutgenährte Mitteleuropäer zunächst ungefährlich. Zwei bis drei Wochen Durchfall können wir gut überstehen, wenn für ausreichend Flüssigkeit (Trinkmenge bis zu 5 Liter am Tag) und Mineralien (Kochsalz) gesorgt wird. Eine genaue Diagnostik ist im Urwald nicht möglich. Für jeden Tropenreisenden aber ist wichtig, nach seiner Rückkehr nach Europa bei andauernden Beschwerden oder bei einer unklaren Neuerkrankung bis zu einem halben Jahr nach dem Tropenbesuch den behandelnden Arzt auf den Tropenaufenthalt hinzuweisen, denn nur so können die speziellen Untersuchungen auf Tropenkrankheiten durchgeführt werden. Auch Würmer sind ein beliebtes Reisemitbringsel!

Und die Schlangen im Urwald? In der Großstadt Belém an der Mündung des Amazonas konnte ich zehn Ampullen Schlangenserum erstehen; speziell zur Behandlung giftiger Amazonasschlangen bestimmt. Aber dieses Schlangenserum, das es für die unterschiedlichen tropischen Gebiete in Afrika, Südamerika oder Asien immer nur in seiner ganz spezifischen Form im jeweiligen Land zu kaufen gibt, hat seine Tücken. Viele Menschen reagieren mit Schock und Kreislaufkollaps auf die Injektionen eines solchen Schlangenserums, weshalb die Frage naheliegt, was im Einzelfall gefährlicher ist: das Schlangengift oder das gegen das Gift gerichtete Serum? Die meisten der giftigen Schlangenbisse kann ein kräftiger erwachsener Mitteleuropäer auch ohne Gegenserum überleben, wenn auch mit mehrtägigen heftigen Schmerzen, Fieber und Schüttelfrost.

Während wir Europäer uns bei mehrwöchigen Reisen im Urwald also ganz gut vorsehen, schützen und behandeln und vor allem nach Rückkehr uns in einem tropenmedizinischen Institut mit modernsten diagnostischen Methoden untersuchen und dann gezielt behandeln lassen können, müssen die Bewohner im Amazonaseinzugsgebiet mit einer sehr viel primitiveren medizinischen Versorgung vorlieb nehmen. Ein wenig von den medizinischen Problemen dieser Region konnte ich im Krankenhaus der kleinen Stadt Itaituba erfahren. Ich besuchte das vor knapp zwei Jahren auf Regierungserlaß hin erbaute Krankenhaus mit 30 Betten, zwei Ärzten, einem Dentisten – und vielen, vielen Problemen.

Der sympathische, knapp 40 Jahre alte Chefarzt führte mich zunächst durch die kahlen Krankenzimmer: Die meisten Patienten sind Malariakranke, die bewußtlos und in der Hitze fast nackt und mit offenen Augen daliegen, nicht mehr ansprechbar sind. Das anämische Hautkolorit hebt sich unschön vom sauberen weißen Laken ab. Infusionen von Methylenblau und Cloroquin (Resochin) helfen einigen über den Berg. Ausreichend Medikamente zur Prophylaxe der Malaria, dem Hauptproblem dieser Region, gäbe es genug, aber keine noch so intensive Aufklärung bringt bisher ausreichende Einsicht in die Bevölkerung, regelmäßig jede Woche ein oder auch zwei Tabletten einzunehmen.

Nur wer mehrere Wochen schwerkrank mit Malaria im Krankenhaus lag, Nierenschäden und tagelanges Koma überlebt hat, ist anschließend an einer Prophylaxe ernsthaft interessiert und wird sich für die Zukunft schützen.

Weitere Probleme im riesigen Einzugsbereich dieser Klinik sind die etwa 300 Lepra- und auch sehr viele Tuberkulosekranke. Hingegen sehen die beiden Ärzte keinen Zuckerkranken, keine Herz- und

Kreislauferkrankungen, keine Arteriosklerose, und Bluthochdruck nur bei Komplikationen in der Schwangerschaft. Dagegen in den Großstädten wie Rio de Janeiro und São Paulo, also da wo Streß und unnatürliche Lebensgewohnheiten das Leben so ganz anders gestalten als hier am Rande des Urwaldes kommen Bluthochdruck und Gefäßerkrankungen ebenso häufig vor wie bei uns.

Im weiteren Rundgang durch die Krankenzimmer sehe ich die Schwangeren- und Wöchnerinnenstation mit etwa zwei Geburten pro Tag. Auf der Kinderstation ausschließlich Durchfallerkrankungen, ein ebenfalls ganz großes Problem der Bevölkerung hier. Trotz aller Aufklärung über Hygiene werden Obst und Gemüse kaum gewaschen, Flußwasser zum Trinken und Kochen verwendet – und die Kindersterblichkeit an Dysenterie ist entsprechend hoch.

Der Goldgräber im nächsten Zimmer, dessen tiefe Messerstichverletzungen im rechten Unterleib gerade zusammengeflickt worden sind, wird wohl in ein paar Tagen wieder zu seinem Claim im Urwald zurückkehren können. Nicht dagegen der Mann, der nach einer Schießerei tot eingeliefert wurde und der zur eindeutigen Feststellung der Todesursache seziert wird.

Da ich Malaria nur aus dem Lehrbuch kenne, wollte ich gerne einen frischen Malariafall im Mikroskop sehen. Kein Problem in diesem Krankenhaus. In die Ambulanz wird gerade ein fiebernder junger Mann gebracht; Anhiebsdiagnose Malaria. Sofort wird ein Blutausstrich angefertigt und ich kann mir die von der Malaria befallenen roten Blutkörperchen betrachten. Aber wie die Ärzte erzählen,

Seite 132 *Ein wohlhabender Farmer aus Altamira.*

Seite 134 *Oben links: Eingangstor einer Fazenda. Zehn Brüder betreiben hier zwischen Rurópolis und Itaituba eine Rinderfarm.*
Oben rechts: Schwer beladene Lastzüge ziehen ihre Staubfahnen über die Transamazônica; sie fahren so weit es die Pistenverhältnisse zulassen.
Unten links: Jederzeit zu einem Augenflirt aufgelegt.
Unten rechts: Verwegene Typen aus ganz Brasilien bevölkern Marabá.

Seite 135 *Eine Siedlerfamilie. Die Anpassung an das Leben in diesem Land zeugt von der erstaunlichen Vielseitigkeit seiner Bewohner und ist gewissermaßen ein Sieg über die strengen Gesetze der Natur.*

kenne nicht nur ich die Malaria nur aus dem Lehrbuch, auch ihre Kollegen in Rio oder São Paulo kommen mit der Malaria nie in Berührung. So groß ist Brasilien!

Die für das Krankenhaus vorgesehene Röntgeneinrichtung (der Raum dafür ist vorhanden und auch mit einem Schild als Röntgenabteilung schon klar gekennzeichnet) hat das Städtchen Itaituba im Urwald nie erreicht. Die Ärzte machen sich auch keine Hoffnung mehr, je einen Röntgenapparat zu bekommen. So operieren sie ohne Röntgendiagnostik in ihrem einfachen aber sauberen Operationssaal alle nur denkbaren Tumore, auch Mägen, Gallen, Blutgerinsel im Kopf nach den hier üblichen und häufigen Schlägereien um Gold oder Mädchen, oder was sonst immer an Unfällen vorkommt. Was ihnen zu schwierig erscheint, wird mit dem Flugzeug ins nächste größere Krankenhaus nach Santarém geflogen.

Eine wesentliche Aufgabe der Ärzte hier, wie mir zum Abschluß erzählt wird, ist die Ausbildung von paramedizinischem Personal für Hebammendienste, für die kleine Chirurgie, für Impfaktionen und Hygieneberatung. Ich konnte mich überzeugen, wie ein angelernter Sanitäter eine Kopfplatzwunde, die sich vom Scheitel bis ins Auge hineinzog, sehr geschickt örtlich betäubte, säuberte und wieder zusammennähte.

Bei der herzlichen Verabschiedung entdeckte ich am Eingang zum Krankenhaus ein großes Schild, welches die Besuchszeiten auf Mittwoch und Sonntag nachmittags je eine Stunde festlegt. Darauf angesprochen meint mein brasilianischer Kollege, es handele sich um einen Erlaß der Hauptstadt Brasilia, gültig für alle Krankenhäuser des Landes: nur in Itaituba kümmere sich niemand darum!

Prof. Dr. Jürgen Aschoff
Ulm, im Mai 1981

Lexikon brasilianischer Begriffe

Garimpeiro	Goldgräber
Caboclo	Mischling portug./europ./indianischer Abstammung
Seringueiro	Gummizapfer
Nordestino	Bewohner des bras. Nordostens
Carioca	Einwohner Rio de Janeiros
Paulista	Einwohner São Paulos
Churrasco	Spießbraten
Feijoada completa	aus schwarzen Bohnen, Reis und Fleischbrocken bestehendes bras. Standardgericht
Cafezinho	süßer moccaartiger Kaffee
Chachaca	Zuckerrohrschnaps
Mato Grosso	großer Wald; bras. Bundesstaat
Favela	Elendsviertel
Fazenda	Farm, Pflanzung, Plantage
Gaúcho	Viehhirt/Landarbeiter im äußersten Süden
Senzala	Sklavenhütte
Igarapé	Kanal, Bach
Morena	dunkelhäutige Frau, Mädchen
Abraco	übliche Begrüßung unter Männern
Campo	Steppe
Macumba	umgangssprachliche Bezeichnung für alle spiritistischen Praktiken (Oberbegriff)
Casa Grande	Herrenhaus des Großgrundbesitzers
Cafuso	Mischling afrik./ind. Abstammung
Sertáo	Hinterland, Wildnis, Urwald
Pororocá	Gezeitenbrandungswelle, die bei Voll- und Neumond vom Meer her den Amazonas stromaufwärts fließt
Derrubada	Kahlschlag
Seringueira	Gummibaum
Estancia	Großgrundbesitz
Bateia	Blech-/Holzpfanne zum Auswaschen des Goldes
Serra	Berg, Gebirge, Gebirgszug
Capoeira	Sekundärurwald, der sich auf einer verlassenen Rodung ausbreitet

Facao	Buschmesser, Machete
Fazendeiro	Farmer, Pflanzer
Roca	durch Brandrodung entstandene Anbaufläche
Pampa Gira	Schutzpatronin der Prostituierten
Seca	Dürre
Retirantes	Landflüchtige
Seringera	Kautschukernte
Pelas	Kautschukballen
Maniok	ein in den Tropen weitverbreitetes, unserer Kartoffel ähnliches Grundnahrungsmittel. Maniok sind die Knollen des Kassawastrauches, der zur Familie der Wolfsmilchgewächse gehört
muito obrigado	vielen Dank
D.N.E.R.	Departamento Nacional de Estradas de Rodagem (Staatliche Straßenbaugesellschaft)
F.U.N.A.I.	Fundacão Nacional do Indio (Staatliche Indianerstiftung)
I.N.C.R.A.	Instituto Nacional de Colonizacao e Reforma Agrária (Staatliches Institut für die Reformierung der Agrarwirtschaft und des Siedlungswesens)
F.A.O.	Food and Agricultural Organization (Ernährungs- und Landwirtschafts-Organisation der Vereinten Nationen)

Seite 138   *Zwei kreischende Aras gehören zur Besatzung eines durchreisenden LKW's.*

Seite 139   *Eines jener zahlreichen Freiluftrestaurants.*

Literaturhin-/nachweise

1868 „Le Tour du Monde"

1937 Anders, Franz: „In der grünen Hölle"

1938 Hoffmann-Harnisch, Wolfgang: „Brasilien"

1940 Jünger, Wolfgang: „Kampf um Kautschuk"

1954 Hopp, Werner: „Amazonien"

1963 Born, Franz: „Auf der Suche nach dem goldenen Gott"

1963 Niedergang, Marcel: „Brasilien"

1967 Rugendas, João Mauricio: „Viagem Pitoresca Através do Brasil"

1969 Roiter, Fulvio: „Brasilien"

1970 St. Clair, David: „Amazonas, Strom der grünen Hölle"

1970 Merian Heft 11/28: „Brasilien"

1970 Rehbein, Max H.: „Pioniere und Abenteurer"

1971 Görgen, Hermann: „Brasilien"

1973 Sterling, Tom: „Der Amazonas"

1974 Die Brockhaus-Völkerkunde

1975 F.A.Z. vom 15. 04. 75: Sonderbeilage „Brasilien"

1975 National Geographic: „Explorando El Amazonas"

1977 Rittlinger, Herbert: „Ganz allein zum Amazonas"

1977 Faber, Gustav: „Brasilien"

1977 DIE WELT vom 30. 08. '77: Sonderbeilage „Brasilien"

1977 Draeger, Alain: „Magia do Brasil"

1977 Das Beste: „Große Flüsse der Welt"

1978 GEO 10/'78: „Manaus"

1978 Velbinger, Martin: „Südamerika"

1979 Görgen, Hermann: „Brasilien"

1979 Levi-Strauss, Claude: „Traurige Tropen"

1979 Bisilliat, Maureen – Villas Bôas, Orlando + Claudio: „Xingu"

1979 Binder, Thomas: Dumont Richtig Reisen „Südamerika 3"

1980 Patzelt, Erwin – Baumann, Peter: „Amazonas Dschungelbuch"

1980 National Geographic Magazine 5/'80: Jari: A Billion-Dollar Gamble

1980 GEO 8/'80: „Project Jari"

1981 The 1981 South American Handbook

1981 Ferreira, Manoel Rodrigues: „A Ferrovia do Diabo"

Im Text verarbeitet wurden folgende Zeitungsartikel: SÜDDEUTSCHE ZEITUNG Nr. 289 vom 13./14. 12. '80 Seite 3: „Der Berg, der Erlösung verspricht" von Friedrich Kassebeer sowie STERN Nr. 3 vom 08. 01. '81: „Goldrausch" von Manfred von Conta.

Inhaltsverzeichnis

Bemerkungen zur Fotografie

In unwirtlichen Gegenden wie dem Amazonastiefland, wo die Bedingungen für eine Kamera eher feindlich sind, zeigt sich, was eine leistungsfähige und vor allem zuverlässige Kamera wert ist.

Die von mir gemachten Aufnahmen wurden ausschließlich mit der **Leica R 3 Electronic** sowie der **Leica R 4 Mot Electronic** und mit den **Leitz-Objektiven 60-mm-Macro-Elmarit** und dem **135-mm-Elmarit** fotografiert.

Als Filmmaterial eignete sich der **Kodachrome 64** bestens.

Seite 142   *Wenn man der Propagandamaschinerie der Regierung Glauben schenkt, dann können Astronauten die 6000 km lange Piste, schnurgerade wie ein Axthieb, noch aus 300 km Höhe mit dem bloßen Auge erkennen.*

Seite 143   *Ein breitgefächertes Angebot verwegener Möglichkeiten, sich ins Abseits zu befördern, bietet sich allgegenwärtig.*

muito obrigado

oder vielen Dank sage ich den folgenden Personen,
Firmen und Institutionen:

Alberto Colonelli, Belém/Brasilien
Hans Schlossinger, Belém/Brasilien
Ruy Nobre de Brito, Belém/Brasilien
Louis Roger Beniczky, Belém/Brasilien
R. J. Reynolds Tobacco GmbH, Köln
Ikarus Expeditionen GmbH, Königstein/Ts.
Varig S. A., Frankfurt/Main
Brasilianische Botschaft, Bonn
D.N.E.R., Belém/Brasilien
Companiha Vale do Rio Doce, Belém/Brasilien

*Indianer des vermutlich bereits ausgestorbenen Stammes
der Botokuden; ursprünglich im Innern Brasiliens
beheimatet; 1939 zählte man nur noch 78 Mitglieder.
Wegen ihrer hölzernen Ohr- und Lippenpflöcke gaben
ihnen die Portugiesen den Namen ,,botocudos" (botoque –
portugiesisch = Faßspund).*

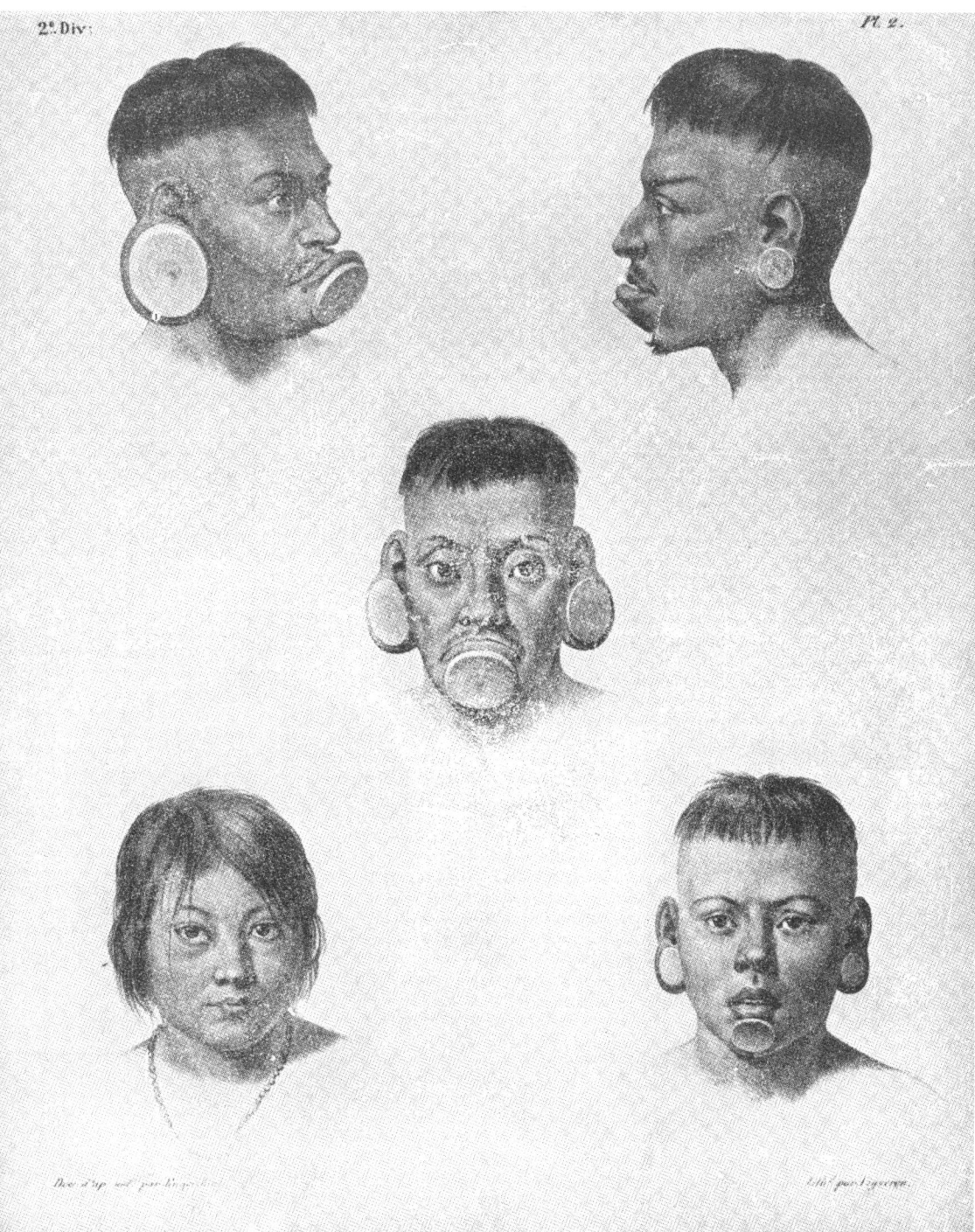

Des d'ap. nat. par Dupetit. Lith. par Legrand.

BOTOCUDOS.

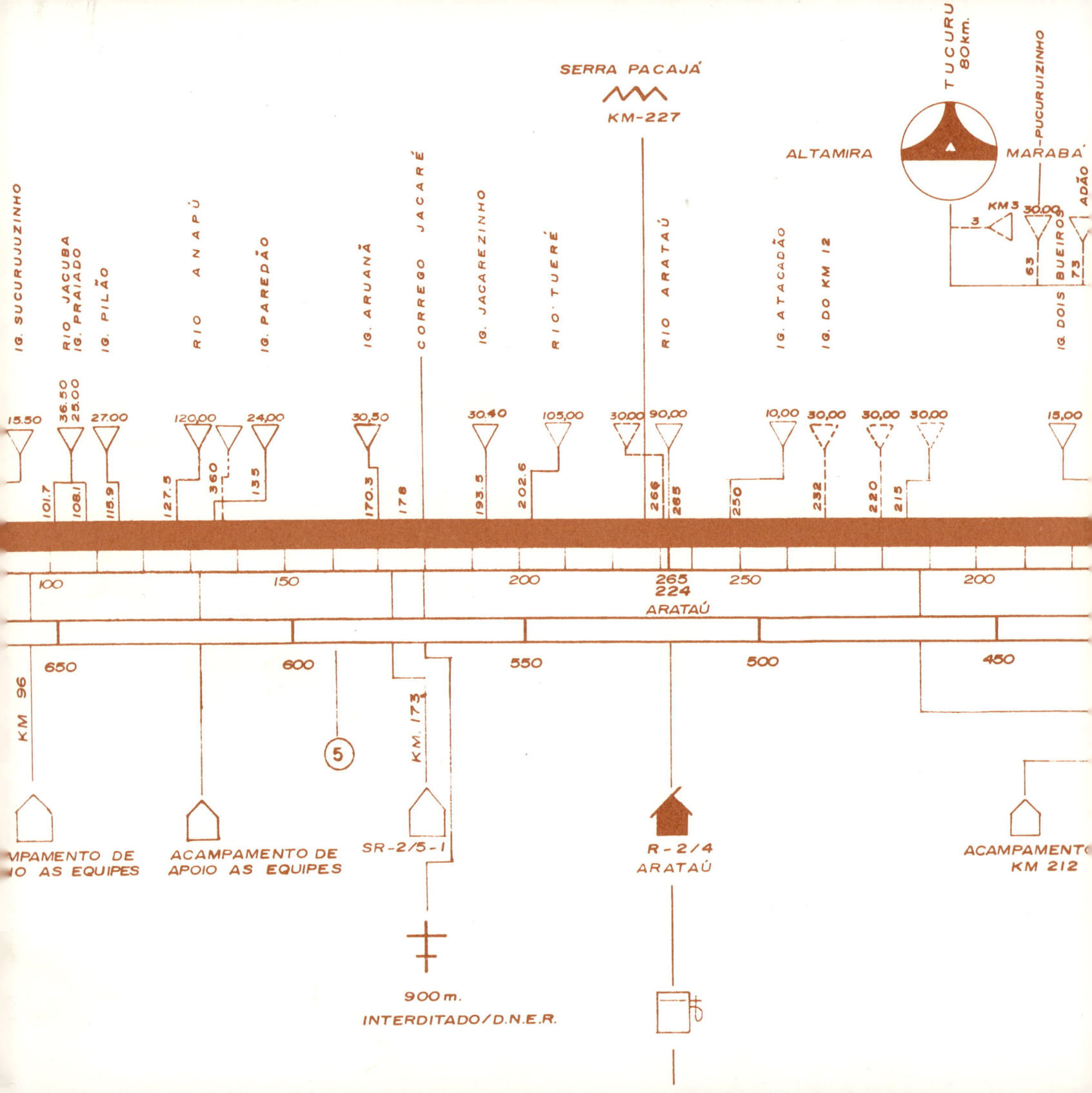